管理会计技能项目化训练规划教材

主审 郑在柏

QIYE NEIBU KONGZHI PINGJIA FENXI BAOGAO

企业内部控制评价分析报告

编著 毛越峰

苏州大学出版社
Soochow University Press

图书在版编目(CIP)数据

企业内部控制评价分析报告/毛越峰编著. —苏州:苏州大学出版社,2019.6
管理会计技能项目化训练规划教材
ISBN 978-7-5672-2780-4

Ⅰ.①企… Ⅱ.①毛… Ⅲ.①企业内部管理-评价-高等职业教育-教材 Ⅳ.①F272.3

中国版本图书馆 CIP 数据核字(2019)第 071659 号

企业内部控制评价分析报告
毛越峰　编著

责任编辑　孙志涛

苏州大学出版社出版发行
(地址:苏州市十梓街1号 邮编:215006)
常州市武进第三印刷有限公司印装
(地址:常州市武进区湟里镇村前街 邮编:213154)

开本 787 mm×1 092 mm 1/16 印张 8 字数 115 千
2019 年 6 月第 1 版　2019 年 6 月第 1 次印刷
ISBN 978-7-5672-2780-4　定价:22.00 元

苏州大学版图书若有印装错误,本社负责调换
苏州大学出版社营销部　电话:0512-67481020
苏州大学出版社网址　http://www.sudapress.com
苏州大学出版社邮箱　sdcbs@suda.edu.cn

江苏联合职业技术学院院本教材出版说明

江苏联合职业技术学院成立以来，坚持以服务经济社会发展为宗旨、以促进就业为导向的职业教育办学方针，紧紧围绕江苏经济社会发展对高素质技术技能型人才的迫切需要，充分发挥"小学院、大学校"办学管理体制创新优势，依托学院教学指导委员会和专业协作委员会，积极推进校企合作、产教融合，积极探索五年制高职教育教学规律和高素质技术技能型人才成长规律，培养了一大批能够适应地方经济社会发展需要的高素质技术技能型人才，形成了颇具江苏特色的五年制高职教育人才培养模式，实现了五年制高职教育规模、结构、质量和效益的协调发展，为构建江苏现代职业教育体系、推进职业教育现代化做出了重要贡献。

面对新时代中国特色社会主义建设的宏伟蓝图，我国社会主要矛盾已经转化为人民日益增长的美好生活需要和不平衡不充分的发展之间的矛盾，这就需要我们有更高水平、更高质量、更高效益的发展，实现更加平衡、更加充分的发展，才能全面建成社会主义现代化强国。五年制高职教育的发展必须服从服务于国家发展战略，以不断满足人们对美好生活需要为追求目标，全面贯彻党的教育方针，全面深化教育改革，全面实施素质教育，全面落实立德树人根本任务，充分发挥五年制高职贯通培养的学制优势，建立和完善五年制高职教育课程体系，健全德能并修、工学结合的育人机制，着力培养学生的工匠精神、职业道德、职业技能和就业创业能力，创新教育教学方法和人才培养模式，完善人才培养质量监控评价制度，不断提高人才培养质量和水平，努力办好人民满意的五年制高职教育，为决胜全面建成小康社会、实现中华民族伟大复兴的中国梦贡献力量。

教材建设是人才培养工作的重要载体，也是深化教育教学改革、提高教学质量的重要基础。目前，五年制高职教育教材建设规划性不足、系统性不强、特色不明显等问题一直制约着内涵发展、创新发展和特色发展的空间。为切实加强学院教材建设与规范管理，不断提高学院教材建设与使用的专业化、规范化和科学化水平，学院成立了教材建设与管理工作领导小组和教材审定委员会，统筹领导、科学规划学院教材建设与管理工作。制定了《江苏联合职业技术学院教材建设与使用管理办法》和《关于院本教材开发若干问题的意见》，完善了教材建设与管理的规章制度；每年滚动修订《五年制高等职业教育教材征订目录》，统一组织五年制高职教育教材的征订、采购和配送；编制了学院"十三五"院本教材建设规划，组织18个专业和公共基础课程协作委员会推进院本教材开发，建立了一支院本教材开发、编写、审定队伍；创建了江苏五年制高职教育教材研发基地，与江苏凤凰职业教育图书有限公司、苏州大学出版社、北京理工大学出版社、南京大学出版社、上海交通大学出版社等签订了战略合作协议，协同开发独具五年制高职教育特色的院本教材。

今后一个时期，学院在推动教材建设和规范管理工作的基础上，紧密结合五年制高职教育发展新形势，主动适应江苏地方社会经济发展和五年制高职教育改革创新的需要，以学院18个专业协作委员会和公共基础课程协作委员会为开发团队，以江苏五年制高职教育教材研发基地为开发平台，组织具有先进教学思想和学术造诣较高的骨干教师，依照学院院本教材建设规划，重点编写出版约600本有特色、能体现五年制高职教育教学改革成果的院本教材，努力形成具有江苏五年制高职教育特色的院本教材体系。同时，加强教材建设质量管理，树立精品意识，制定五年制高职教育教材评价标准，建立教材质量评价指标体系，开展教材评价评估工作，设立教材质量档案，加强教材质量跟踪，确保院本教材的先进性、科学性、人文性、适用性和特色性建设。学院教材审定委员会组织各专业协作委员会做好对各专业课程（含技能课程、实训课程、专业选修课程等）教材进行出版前的审定工作。本套院本教材较好地吸收了江苏五年制高职教育最新理论和实践研究成果，符合五年制高职教育人才培养目标定位要求。教材内容深入浅出，难易适中，突出"五年贯通培养、系统设计"专业实践技能经验积累培养，重视启发学生思维和培养学生运用知识的能力。教材条理清楚，层次分明，结构严谨，图表美观，文字规范，是一套专门针对五年制高职教育人才培养的教材。

学院教材建设与管理工作领导小组学院教材审定委员会

2017 年 11 月

序言

随着智慧会计时代的来临,会计行为发生了巨大变化,会计职业教育的课程体系和教学内容也应随之变化或调整,其变化的核心就是把以"财务会计核算"为核心的专业课程体系转化为"财务会计核算+管理会计"的双核心课程体系。在学制不变、教学时间基本不变的状况下,构建"财务会计核算+管理会计"的双核心课程体系,并不是简单地在以"财务会计核算"为核心的专业课程体系中增加管理会计课程就可以解决问题的,需要在对"财务会计核算"专业课程体系进行调整和优化的基础上,正确设计、精心论证管理会计的课程和管理会计专业技能训练项目课程体系。从2017年度起,江苏联合职业技术学院会计专业协作委员会组织了"江苏省五年制高职会计类专业管理会计课程构建专题研发组",对智慧会计背景下五年制高职会计类专业课程体系的重构和管理会计专业技能项目化训练课程的开发进行了调研、论证、研究和实践,力求建立一套适应学生的学习基础,实务操作性强,与企业、单位实践相向而行的模块化、填充式、标准化、可组合、可扩展的网络化技能训练教学项目系统,并形成以下研究和实践成果:

一是对五年制高职会计类专业课程体系进行模块化重构,构建了"财务会计核算+管理会计"的双核心课程模块体系。专业课程设置了财务会计基础课程模块、财务会计核心课程模块、财务会计技能训练项目化课程模块、管理会计基础课程模块、管理会计技能训练项目化课程模块。

二是对专业技能训练进行项目化改革与建设,按照会计核算专业技能训练、管理会计专业技能训练两个实践教学链路构建专业技能训练项目化实训教学课程。其中,财务会计技能训练项目化课程模块优化为"经验积累型"专业训练项目化课程,对学生进行专业技能的反复训练,以实现专业技能经验的积累。管理会计技能训练项目化课程模块按照"体验积累型"专业训练项目化课程建设，通过对学生进行专业技能的体验式训练，提升其运用专业知识、技术解决问题的专业能力。

　　三是管理会计"体验积累型"专业训练项目化课程的开发。我国中小微企业管理会计发展具有鲜明的多岗位融合、"政策导向型"管理会计工作特色。管理会计工作从阅读财务会计报表开始，根据单位发展和价值管理的需要，逐步围绕"财务会计报表分析、成本项目管理、纳税管理与税控风险管理、薪酬社保管理与分析、内部控制管理与评价、综合业绩分析、风险控制管理、预算管理、绩效评价、价值创造管理、投资管理、融资管理、战略管理分析"等工作展开。管理会计与财务会计的主要不同点就是，管理会计是为本单位内部管理需要服务的，并没有刚性统一的工作规范标准和信息语言要求，各单位之间管理会计工作的程度、重点、路径、方法等差异性大。管理会计专业技能不像财务会计专业技能那样有明确的外部规范和标准要求，而是建立在发散性思维基础上的判断、分析、归纳、提炼、报告等技能。因此，基于上述影响因素，会计职业教育管理会计专业技能实训项目课程体系宜按照"体验积累型"专业训练项目化课程的要求进行建设。

　　基于上述研究成果，根据我国目前中小微企业财务会计向管理会计转化以及管理会计工作扩展领域和进程不同的现状，五年制高职会计专业的管理会计"体验积累型"训练项目化课程的建设按照三个技能训练项目模块依次开发实践：一是管理会计技能基本训练项目模块，主要包括"财务会计报表阅读报告""财务会计报表分析报告""成本项目管理分析报告""纳税管理分析报告""内部控制评价分析报告"等；二是管理会计技能提升训练项目模块，主要包括"薪酬社保管理分析报告""综合业绩分析报告""风险控制分析报告""预算管理分析报告""绩效评价分析报告"等；三是管理会计技能扩展训练项目模块，主要包括"价值创造管理分析报告""投资管理分析报告""项目可行性分析报告""融资管理分析报告""社会责任承担管理分析报告"等。管理会计技能基本训练项目模块为必修实训项目课程，提升训练项目模块和扩展训练项目模块作为选修实训项目课程，将根据中小企业管理会计发展进程逐步增设。

本管理会计"体验积累型"技能训练项目化课程具有以下特点：

一是适应我国会计实践领域发展要求。本项目化训练课程落实财政部关于全面建设管理会计的相关文件精神，以《管理会计应用指引第801号——企业管理会计报告》为基础，将管理会计指引规范及时引入教学。同时根据我国管理会计实践发展的进程依次开发技能训练项目模块。

二是适应学生现状。初中毕业起点的五年制高职学生年龄较小，具有好奇心强、接受新事物快、可塑性高、喜欢动手等优势，同时也存在理解能力、抽象思维能力、自学能力等方面的不足之处。管理会计知识系统性强，对逻辑思维要求高，如果按照常规教学方法，学生学习管理会计系统性知识的难度非常大。本项目化训练课程适应学生的学习基础，实务操作性强，模块化、填充式、标准化、可组合、可扩展的网络化技能训练学习方式能够破解管理会计课程理论基础要求高、知识系统性强和专业术语多的教学难题。

三是专业技能训练目标明确。训练学生对财务信息和非财务经济信息的阅读、判断、分析、归纳、提炼、报告等技能，使其逐步形成和积累专业判断、运用和扩展能力，并具备利用财务和经济信息进行预测、分析、评价的专业职业能力，能向管理决策者提供较为规范的决策建议。本项目化训练课程的起点是学生对财务信息和非财务经济信息的阅读，训练的关键点是能写出判断、分析、归纳、提炼、建议的报告书。

四是信息化水平高。学院与厦门九九网智科技有限公司合作研发了与纸质教材配套的"管理会计技能训练项目学习平台系统"，项目实训可在信息化平台上进行线上、线下训练，同时发挥"互联网＋"的教育功能，减少记忆要求，将学习时间碎片化，实现自主学习、愉悦训练。

五是训练项目模板化。对专业训练项目提供阅读、分析、判断、总结、提炼的实训示范引导，训练案例报告提供模板文本，让学生运用示范引导，在报告模板基础上，采用填空、选择等方式实训专业技能点，形成完整的阅读、分析或决策建议报告文本。

六是训练学习成果化。学生通过在报告模板文本上的实训，形成较为规范完整的项目化报告成果。项目化报告成果进入学生的学习物化成果库，逐步积累成由学生训练完成的系列案例报告，可作为学生参加工作后的参考范例。

本套项目化训练教材和"管理会计技能训练项目学习平台系统"符合教育部门对高职高专教育教学的要求，深度适中，实践材料丰富，便于教学和专业技能训练，实务操作性强，与企业、单位管理会计实践相向而行。其项目内容的模块化、填充式、标准化、可组合、可扩展的特色充分体现"做中学、学中做"，强化学生管理会计基本技能的训练，提升学习的针对性和应用性，在专业能力训练体系构建上有创新、有探索，理论与实践紧密结合。

本套项目化训练教材和"管理会计技能训练项目学习平台系统"主要适用于五年制高等职业教育会计类专业的课程教学，也适用于三年制高等职业教育、中等职业教育的财经类专业课程教学，还可以用于会计从业人员的学习、培训。管理会计报告模板文本和训练示范指引也可供广大中小企事业单位管理会计工作人员参考引用。

江苏联合职业技术学院财务会计专业协作委员会
2019 年 1 月

前言

　　构建与智慧会计时代背景相适应的管理会计技能训练项目课程体系是江苏联合职业技术学院财务会计专业协作委员会 2018 年度所确定的课程建设重点课题。课题组在学习我国已颁布的管理会计基本指引和相关应用指引的基础上，根据五年制高职教育的基本特点和培养目标定位，并对我国中小企业管理会计工作发展现状进行了调研、论证和分析，确定从培养学生对财务信息和相关非财务信息的认知、解读、判断、分析、归纳、提炼和报告等管理会计专业技能为出发点，从管理会计工作报告的规范化撰写入手，开发一套能适应五年制高等职业教育学生的学习基础和水平，实务操作性强，与企业实践相向而行的模块化、填充式、标准化、可组合、可扩展的网络化技能训练项目化课程体系。"企业内部控制评价分析报告"就是本套管理会计技能训练项目课程体系中的基本训练项目课程。

　　随着智慧会计时代的迅速来临，会计工作由会计核算为主向财务管理、管理会计为主转变。而企业运用管理会计方法，明确财务和业务信息的收集、分析、报告与处理程序，及时提供业务活动中的重要信息，全面反映经济活动情况，增强内部控制活动的时效性和针对性，进而建立和完善内部报告制度就显得极为重要和迫切。在智慧会计环境下，内部控制活动评价分析报告能够对企业的具体流程、各个层级和环节进行合理评估，对于促进管理者更加重视企业的风险控制，规范企业的经营行为以及减少舞弊行为的发生都具有非常重要的现实意义。

　　认真阅读企业内部控制评价分析报告，并对其分析是会计工作人员的基础性工作，在此基础上提出企业内部控制活动具体建议是管理会计人员的基本专业技能。为此，本项目化训练课程训练的基本技能就是让学生学会阅读企业内部控制评价分析报告，能根据评价底稿对企业内部控制评价分析报告进行正确的"描红"和"填空"，进而写出企业内部控制评价分析报告，即对企业内部控制评价分析报告所包含的具体内容能正确地阅读、理解，通过对评价底稿的判断、分析、归纳和提炼，撰写出较为规范的企业内部控制评价分析报告，并提出相应的内部控制管理建议。

本项目化训练课程由纸质化教材和信息化训练平台系统组成。其中，纸质化教材由三个部分组成：第一部分是"企业内部控制评价分析报告指引"，主要是指引学生认知企业内部控制评价分析报告的构成和编报要求，告诉学生企业内部控制评价分析报告的作用和提供信息的类别，明确评价底稿的三个层次以及与内部控制评价分析报告的关联，同时针对中小企业的实际明确企业内部控制评价分析报告的阅读关键点；第二部分是"企业内部控制评价分析报告示范"，主要通过案例资料、评价底稿和企业内部控制评价分析报告的文本格式，提示、引导学生对企业内部控制评价报告的认知、解读、判断、分析和归纳，撰写出规范、准确、科学的企业内部控制评价分析报告；第三部分是"企业内部控制评价分析报告案例训练"，设计了中小企业五种具体业务的内部控制案例资料和评价底稿，案例资料和评价底稿在中小企业真实的相关资料的基础上整理而成，能够从企业的不同业务领域来强化学生对企业内部控制评价分析报告的理解，体验企业内部控制评价分析报告的撰写，从而锻炼和提升学生运用所学的会计专业知识、技术提出问题、分析问题、解决问题的专业能力。

与纸质教材配套的课程信息化平台系统是与厦门九九网智有限公司合作开发的。它使本项目化训练课程能在信息化平台上实现线上学习和实训，通过自主学习、愉悦训练，提升训练实效；训练案例报告在所提供的模板上,采用填空、选择等方式形成完整的阅读报告文本;同时,学生实训报告能够自动转入学习物化成果库。这一平台很好地实现了专业技能训练学习的信息化、模板化和成果化。

本项目化训练课程纸质教材由江苏联合职业技术学院靖江办学点毛越峰高级讲师编著,江苏联合职业技术学院徐州财经分院郑在柏教授担任主审,江苏理工学院商学院陈国平副院长、张燕老师进行了审阅并提出了很好的指导意见,学院财务会计专业协作委员会管理会计技能训练教材开发调研组对本书进行了论证和指导。本书也得到苏州大学出版社、厦门九九网智有限公司的支持,在此一并感谢。

恳请使用本项目化训练课程的学校、老师、学生和相关单位提出宝贵意见,以使本书更加完善、实用、适用。联系电子邮箱为:jjddmyf@163.com.

2019 年 1 月

目 录

第一部分　企业内部控制评价分析报告指引 …………………… 001

第二部分　企业内部控制评价分析报告示范 …………………… 031

第三部分　企业内部控制评价分析报告案例训练 ……………… 045

　训练案例1　企业资金内部控制评价分析报告 ………………… 047
　训练案例2　企业重要资产内部控制评价分析报告 …………… 062
　训练案例3　企业销售业务内部控制评价分析报告 …………… 079
　训练案例4　企业成本费用内部控制评价分析报告 …………… 096
　训练案例5　企业担保业务内部控制评价分析报告 …………… 107

第一部分

企业内部控制评价分析报告指引

随着智慧会计时代的迅速来临，会计工作由会计核算为主向财务管理、管理会计为主转变。加强企业内部控制，对于提高企业管理的有效性，保证管理的合规性，规避不必要的经营风险，保证企业顺利经营有着非常重要的作用。企业内部控制评价分析报告是指企业各个层级、各个环节的管理者依据内部控制有效性评价的标准，对本企业经营活动内部控制制度的设计和内部控制活动的执行进行评估后，将结果提供给管理会计信息使用者的报告。企业内部控制评价分析报告要求企业建立和完善内部报告制度，运用管理会计方法，明确财务和业务信息的收集、分析、报告和处理程序，及时提供业务活动中的重要信息，全面反映经济活动情况，增强内部控制活动的时效性和针对性。

企业内部控制活动评价和分析，对于促进管理者更加重视企业的风险控制、规范企业的经营行为以及减少舞弊行为的发生具有非常重要的现实意义。一般来说，企业内部控制评价分析报告的撰写需要把握以下几个要点。

一、企业内部控制评价分析报告的构成和编报要求

企业内部控制评价分析报告的构成包括形式要件和内容要件。其形式要件包括报告名称、报告期或报告时间、报告对象、报告内容以及报告人等；其报告的内容可以根据内部控制活动的需要或设定的报告目标而定，易于理解并具有一定的灵活性。

企业根据管理的需要和内部控制的活动性质设立报告期间，一般以日历期间（月度、季度、年度）作为内部控制评价分析报告的报告期间，也可以根据特定的需要设定报告期间。该报告是一个完整的体系并应该按照内部控制进行全方位、全过程的设计和编制，在内部控制各环节形成基于因果关系链的结果和原因报告。其编制、审批、报送、使用等应与企业

组织结构相适应。就中小企业而言，企业内部控制主要从资金管理、重要资产管理、债务与担保业务管理、成本费用管理、合同管理、重要客户和供应商管理、关键岗位人员管理、信息技术管理和其他管理者认为需要关注的领域展开。本能力训练根据企业的实际，主要选取了资金活动、重要资产、采购、销售、成本费用、担保六个方面的内部控制的评价内容进行分析并撰写评价分析报告。

二、企业内部控制评价分析报告的作用和提供信息类别

企业内部控制评价分析报告的使用者除了企业高层管理者外，还包括各个层次、各个环节的管理者。由于各职能部门和相关信息提供者的不同，报告所提供的信息类别以及报告人也不尽相同，其具体的内容如表1-1所示。

表1-1 企业内部控制评价分析报告和信息提供类别表

信息类别 \ 报告	报告作用	报告提供信息内容	报告和信息使用部门
资金活动	规范某一报告期间资金活动内部控制，确保合规和有效	企业筹资、投资、营运的内部控制执行情况、结果与原因评价	企业总经理，主管经理，企业财务、审计等部门
重要资产	规范某一报告期间重要资产管理内部控制评价，确保合规和有效	企业的存货、固定资产、无形资产等内部控制的执行情况、结果与原因评价	企业总经理，主管部门，以及财务、计划、仓库、生产、销售等部门
采购业务	规范某一报告期间采购内部控制活动评价，确保合规、有效	企业采购计划、采购实施、付款、验收、预付账款、退货管理的内部控制执行情况、结果与原因评价	企业总经理，主管经理，以及财务、仓库、生产、采购等部门

续表

信息类别＼报告	报告作用	报告提供信息内容	报告和信息使用部门
销售业务	规范某一报告期间销售业务内部控制评价，确保合规、有效	企业的重要客户管理、销售策略、销售计划与预算、销售合同、销售发货、销售退回、销售发票、销售服务、应收账款、应收票据、销售会计等的内部控制执行情况、结果与原因评价	企业总经理，销售主管，以及销售、市场、财务、仓库等部门
成本费用	规范某一报告期间成本费用内部控制评价，确保合规、有效	企业的成本预测与计划、成本控制、成本核算和分析、成本考核等内部控制的执行情况、结果与原因评价	企业总经理，生产主管，以及生产、计划、采购、销售、财务、人事、仓库等部门
担保业务	规范某一特定期间担保业务内部控制评价，确保合规有效	企业担保的调查评估、审批、执行与监控等内部控制执行情况、结果与原因评价，确保合规、有效	企业总经理，以及财务、审计等部门

三、企业内部控制评价分析报告的撰写依据

在实际工作中，撰写企业内部控制评价分析报告是通过参考评价底稿来进行的。一般来说，评价底稿包括业务流程评价表、控制要素评价表、内部控制评价汇总表三个层次，内部控制评价汇总表是形成内部控制评价分析报告的直接依据。

（一）业务流程评价表

业务流程评价表形成控制要素评价表的"控制活动要素评价"部分。企业的经营活动涉及多个业务流程，包括采购业务流程、销售业务流程、资金业务流程、担保业务流程等内容。企业应根据其自身业务特点，设计

合理的业务流程模块，形成业务流程评价表。

（二）控制要素评价表

控制要素评价表由内部环境评价表、风险评估评价表、控制活动评价表、信息与沟通评价表和内部监控评价表五个部分所组成。其中，内部环境评价表、风险评估评价表、信息与沟通评价表、内部监控评价表都是根据现场评价结果直接形成的，而控制活动评价表是在各业务流程评价表的基础上汇总而成的。

（三）内部控制评价汇总表

内部控制评价汇总表由控制要素评价表连同内部控制缺陷汇总表一起构成。

在本教材中，我们根据业务流程评价表对中小企业主要业务活动的内部控制进行汇总，并分别编制和形成主要业务活动的评价分析报告。

四、企业内部控制评价分析报告撰写关键点

（一）资金活动内部控制评价分析报告

资金活动是企业内部控制的重要内容，主要包括筹资业务、投资业务和运营资金的管理，其内部控制的成败直接影响企业资金的使用效率、使用成本和使用效果。对企业资金内部控制活动的有效性和及时性进行评价，有助于企业提高资金使用的针对性和效率，规避不必要的资金管理风险，保证企业合法合规经营，取得最佳的经济效益。

在编制企业资金活动内部控制评价分析报告的过程中，必须根据企业资金活动的业务流程，通过阅读其要素评价表和相关的评价指标，进而对企业的资金活动内部控制做全面的了解和把握。企业资金活动内部控制要素评价表如表1-2所示。

表1-2　企业资金活动内部控制要素评价表

业务流程	分析关键点与评价指标		
筹资方案的制订	制度健全性		
	筹资管理制度是否健全？ 是□ 否□ 不适用□		
	筹资方案是否符合国家产业政策及相关法律法规的规定		
	筹资方案是否符合国家产业政策及相关法律法规的规定？ 是□ 否□ 不适用□		
	筹资方案的财务评估合理性		
	筹资方案中是否对筹资成本和潜在风险做出充分估计，并制定相应策略？ 是□ 否□ 不适用□	筹资方案中是否对筹资规模、用途等进行了明确说明？ 是□ 否□ 不适用□	筹资方案中是否对偿债计划等做出安排和说明？ 是□ 否□ 不适用□
筹资方案的审批	筹资方案审批的有效性		
	是否明确规定筹资的审批权限？ 是□ 否□ 不适用□	筹资方案发生重大变更是否履行相应审批程序？ 是□ 否□ 不适用□	对重大筹资方案是否编制可行性研究报告？ 是□ 否□ 不适用□
	筹资业务和审批过程是否明确了不相容岗位相分离原则？ 是□ 否□ 不适用□	对重大筹资方案是否根据规定的权限和程序并实行集体决策审批或者联签制度？ 是□ 否□ 不适用□	

续表

业务流程	分析关键点与评价指标		
筹资方案的执行	筹资活动记录的真实性		
	是否对筹资业务的记录、合同或协议、凭证和账簿进行妥善保管？ 是□ 否□ 不适用□		
	筹资风险控制的有效性和合规性		
	银行借款筹资业务是否有效 是□ 否□ 不适用□	债券筹资风险控制是否有效 是□ 否□ 不适用□	筹资改变用途控制是否有效 是□ 否□ 不适用□
	是否按照筹资方案或合同约定的本金、利率、期限、汇率及币种，准确计算应付利息，与债权人核对无误后按期支付？ 是□ 否□ 不适用□		
投资方案拟订	投资方案风险控制的有效性		
	是否制定投资管理制度？ 是□ 否□ 不适用□	投资项目是否属于股票投资或衍生金融产品等高风险投资？ 是□ 否□ 不适用□	企业采用并购方式进行投资，是否对并购对象开展尽职调查？ 是□ 否□ 不适用□
	投资项目对国家政策和企业规划的符合性		
	投资项目是否符合国家产业政策及相关法律法规的规定？ 是□ 否□ 不适用□	投资项目是否符合企业投资战略目标和规划？ 是□ 否□ 不适用□	企业是否根据投资目标和规划，合理安排资金投放结构，科学确定投资项目，拟订投资方案，确保资金使用安全和满足企业正常资金使用需求？ 是□ 否□ 不适用□

续表

业务流程	分析关键点与评价指标		
投资项目审批	投资项目审批与变更的有效性		
	是否由相关部门、人员或委托专业机构对投资方案可行性进行评估？ 是□ 否□ 不适用□	是否按照规定的权限和程序对投资项目进行决策审批？ 是□ 否□ 不适用□	重大投资项目是否按照规定的权限和程序实行集体决策或者联签制度？ 是□ 否□ 不适用□
	投资方案是否经有关管理部门批准并履行相应的报批程序？ 是□ 否□ 不适用□	投资方案发生重大变更的，是否重新进行可行性研究并履行相应审批程序？ 是□ 否□ 不适用□	
投资项目实施	投资项目实施记录控制有效性		
	企业是否制订明确的投资实施方案，明确出资时间、金额、出资方式及责任人员等内容，并通过签订投资合同明确双方权利义务和违约责任等内容？ 是□ 否□ 不适用□	企业是否指定专门机构或人员对投资项目进行跟踪管理，掌握被投资企业的财务状况、经营情况和现金流量，定期组织投资质量分析？ 是□ 否□ 不适用□	企业是否对投资项目建立投资管理台账，详细记录投资对象、金额、持股比例、期限、收益等事项，妥善保管投资合同和出资证明？ 是□ 否□ 不适用□
	企业是否定期和不定期地与被投资企业核对有关投资账目，保证投资的安全、完整？ 是□ 否□ 不适用□	投资项目发现异常情况，是否及时向有关部门和人员报告，并采取相应措施？ 是□ 否□ 不适用□	

续表

业务流程	分析关键点与评价指标		
投资项目实施	投资减值、转让、核销和收回控制有效性		
投资项目实施	企业是否对投资项目减值情况进行定期检查和归口管理,设置合理的减值准备的计提标准和审批程序,按照企业资产减值相关规定正确执行? 是□ 否□ 不适用□	投资转让是否根据审批权限审批并确定公允合理的转让价格? 是□ 否□ 不适用□	核销投资是否取得不能收回投资的法律文书和相关证明文件? 是□ 否□ 不适用□
投资项目实施	投资收回是否根据审批权限审批? 是□ 否□ 不适用□	对于到期无法收回的投资,是否建立责任追究制度? 是□ 否□ 不适用□	是否设置了科学的投资核销审批程序,确保资产处置真实、合法? 是□ 否□ 不适用□
资金营运	资金收支控制有效性		
资金营运	企业是否建立了资金集中管理,强化资金统一控制和调配的制度机制? 是□ 否□ 不适用□	是否实行全面预算管理方式,并对预算年度内的各项财务活动和资本运营情况,编制资金预算? 是□ 否□ 不适用□	是否明确支出款项的用途、金额、预算、限额、支付方式等内容,并在严格审核原始单据或相关证明后,才安排资金支出? 是□ 否□ 不适用□
资金营运	企业是否建立和健全预防关联方及控股股东占用企业资金及转移资金的舞弊行为的制度和规定? 是□ 否□ 不适用□	企业是否建立资金使用和授权批准工作制度与程序? 是□ 否□ 不适用□	

续表

业务流程	分析关键点与评价指标		
资金营运	资金集中管理控制有效性		
	企业是否建立银行账户和银行预留印鉴的管理制度和流程，明确各种票据的购买、保管、领用、背书转让、注销等环节的处理程序和备查登记制度？ 是☐ 否☐ 不适用☐	银行账户是否全部纳入资金集中管理？ 是☐ 否☐ 不适用☐	是否通过资金平台提报月度资金预算？ 是☐ 否☐ 不适用☐
	是否通过资金平台提报日资金计划？ 是☐ 否☐ 不适用☐	企业是否制定相关制度和程序，确保在生产经营及其他业务活动中取得的资金收入及时入账？ 是☐ 否☐ 不适用☐	是否有收款不入账、设立"小金库"现象？ 是☐ 否☐ 不适用☐
	不相容职务分离控制有效性		
	出纳职务是否与会计职务分离？ 是☐ 否☐ 不适用☐	办理资金业务的人员是否定期进行岗位轮换？ 是☐ 否☐ 不适用☐	出纳人员是否兼任稽核、会计档案保管以及收入、支出、费用、债权、债务账目的登记工作？ 是☐ 否☐ 不适用☐
	支票保管职务与印章保管职务是否分离？ 是☐ 否☐ 不适用☐	支票审核职务与支票签发职务是否分离，以及会计人员是否兼任支票签发职务？ 是☐ 否☐ 不适用☐	银行印鉴保管职务是否分离，以及是否由一人保管支付款项所需的全部印章？ 是☐ 否☐ 不适用☐

注：该表可以根据企业实际进行适当调整。

（二）重要资产内部控制评价分析报告

企业的重要资产包括存货、固定资产和无形资产。在中小企业中所占比重较大，是中小企业的重要资源，其管理的重要性对企业经营效益和效率有着重大影响。同时，企业的重要资产种类繁多、存放分散，极易发生混乱和丢失，因此，对企业重要资产进行内部控制、建立重要资产管理内部控制活动评价报告制度，对保证重要资产的安全和有效运用以及对企业的生存和发展都起着极大的作用。

在编制和撰写企业重要资产内部控制评价分析报告的过程中，必须根据企业重要资产管理的业务流程，通过阅读其要素评价分析表和相关的评价指标，对企业的重要资产内部控制活动做全面的了解和把握。企业重要资产内部控制要素评价表如表1-3所示。

表1-3 企业重要资产内部控制要素评价表

业务流程	分析关键点和评价指标		
存货业务管理	制度的建立与实施		
	是否建立存货管理岗位责任制，明确内部相关部门和岗位的职责权限？ 是□ 否□ 不适用□	是否规范存货管理流程并运用先进的存货管理技术？ 是□ 否□ 不适用□	是否确保不相容岗位相互分离、制约和监督？ 是□ 否□ 不适用□
存货验收	存货验收的有效性		
	企业是否建立了规范的存货验收程序和方法？ 是□ 否□ 不适用□	是否对外购货物进行了数量复核和质量检验？ 是□ 否□ 不适用□	验收不符合要求的外购货物是否按照相关程序办理退货或索赔？ 是□ 否□ 不适用□
	企业是否规范了《存货验收入库单》的填制内容及核对要求？ 是□ 否□ 不适用□	对直接投入生产或使用的自产存货是否有漏检情况？ 是□ 否□ 不适用□	自产货物是否有检验不合格的产成品验收入库情况？ 是□ 否□ 不适用□

续表

业务流程	分析关键点和评价指标		
存货保管	存货保管的有效性		
	是否建立存货保管制度？ 是□ 否□ 不适用□	不同仓库之间流动的存货，是否办理了出入库手续？ 是□ 否□ 不适用□	是否建立存货明细账？ 是□ 否□ 不适用□
	是否有存货管理、监督部门及仓储人员外的其他部门和人员接触存货？ 是□ 否□ 不适用□	如有，是否经过相关部门特别授权？ 是□ 否□ 不适用□	
	对存货是否定期进行检查，并核对实际库存数量与存货管理台账是否一致？ 是□ 否□ 不适用□	是否建立健全了防火、防洪、防盗、防潮、防病虫害和防变质等管理规范？ 是□ 否□ 不适用□	是否对存货的意外损失建立了风险评估机制，并建立了相应的存货投保体系？ 是□ 否□ 不适用□
存货出库	对存货发出和领用，是否设置了明确的审批权限？ 是□ 否□ 不适用□	存货领用和审批是否做到不相容岗位相互分离？ 是□ 否□ 不适用□	仓储部门是否根据经审批的销售（出库）通知单发出货物？ 是□ 否□ 不适用□
存货盘点	存货盘点有效性、合规性		
	是否制定存货盘点清查制度，并在每年年终开展全面盘点清查，对于盘点清查中发现的盘盈、盘亏、毁损、闲置以及需要报废的存货按要求进行处置？ 是□ 否□ 不适用□	仓储部门和财务部门是否定期进行存货核对？ 是□ 否□ 不适用□	是否考虑企业生产经营计划、市场供求等因素，合理确定存货采购日期和数量，确保存货处于最佳库存状态？ 是□ 否□ 不适用□

续表

业务流程	分析关键点和评价指标		
固定资产验收	**固定资产验收管理有效性**		
	是否建立固定资产交付使用验收制度？ 是□ 否□ 不适用□	外购固定资产投入使用前是否验收合格？自行建造的固定资产是否验收合格后移交使用部门？ 是□ 否□ 不适用□	企业对投资者投入、接受捐赠、债务重组、企业合并、非货币性资产交换、外企业无偿划拨转入以及其他方式取得的固定资产是否办理相应的验收手续？ 是□ 否□ 不适用□
	经营租赁、借用、代管的固定资产是否有相应记录？ 是□ 否□ 不适用□	固定资产的采购和验收是否做到不相容职务分离？ 是□ 否□ 不适用□	
固定资产使用和维护	**会计核算的正确性**		
	是否建立固定资产卡片？ 是□ 否□ 不适用□	固定资产卡片中是否涵盖固定资产来源、验收、使用地点、责任单位和责任人、运转、维修、改造、折旧、盘点等内容？ 是□ 否□ 不适用□	固定资产折旧范围、折旧方法、折旧年限、净残值率等折旧政策是否符合会计法规？ 是□ 否□ 不适用□
	是否有随意变更折旧政策的情况？ 是□ 否□ 不适用□		
	固定资产维修、保养合规性		
	是否建立固定资产维修、保养制度？ 是□ 否□ 不适用□	固定资产大修理是否按规定程序报批？ 是□ 否□ 不适用□	固定资产大修理申请和审批是否做到不相容职务分离？ 是□ 否□ 不适用□
	固定资产技术改造是否进行可行性论证，并经审批后实施？ 是□ 否□ 不适用□		

续表

业务流程	分析关键点和评价指标		
固定资产使用和维护	固定资产合规性		
	企业是否制订了年度固定资产技术改造计划或预算制度? 是□ 否□ 不适用□	固定资产投保是否按规定程序审批? 是□ 否□ 不适用□	是否制订了固定资产抵押、质押管理程序和审批权限? 是□ 否□ 不适用□
	对接收的抵押资产,企业是否编制了专门的资产目录,合理评估抵押资产的价值? 是□ 否□ 不适用□	相关部门在办理资产抵押时,是否评估了固定资产的实际价值(必要时委托专业中介机构进行鉴定)? 是□ 否□ 不适用□	是否对固定资产定期盘点且盘盈、盘亏是否按规定程序审批后进行账务处理? 是□ 否□ 不适用□
	计提固定资产减值准备是否根据规定程序审批? 是□ 否□ 不适用□		
固定资产的处置	固定资产处置是否采取集体审批制度? 是□ 否□ 不适用□	出租、出借固定资产是否按规定程序报批? 是□ 否□ 不适用□	出租、出借固定资产是否签订合同? 是□ 否□ 不适用□
	固定资产处置和出租、出借收入及相关费用是否及时入账? 是□ 否□ 不适用□	固定资产处置价格是否报经企业授权部门或人员审批后确定? 是□ 否□ 不适用□	
无形资产业务管理	无形资产验收		
	是否建立了严格的无形资产交付使用验收制度,明确无形资产的权属关系,及时办理产权登记手续? 是□ 否□ 不适用□	当无形资产权属关系发生变动时,是否按照规定及时办理了权证转移手续? 是□ 否□ 不适用□	对于企业自行开发的无形资产,是否由研发部门、无形资产管理部门、使用部门共同填制无形资产移交使用验收单,移交使用部门使用? 是□ 否□ 不适用□
	外购的无形资产,是否取得无形资产所有权的有效证明文件? 是□ 否□ 不适用□		

续表

业务流程	分析关键点和评价指标		
无形资产业务管理	无形资产使用和维护		
	企业是否与接触企业商业秘密的员工签订保密协议? 是□ 否□ 不适用□	企业是否有无形资产核心技术保密制度? 是□ 否□ 不适用□	企业是否对无形资产的未来收益、经济寿命等内容进行定期评估? 是□ 否□ 不适用□
	对技术资料等无形资产的保管及接触是否保有记录,实行责任追究,保证无形资产的安全与完整? 是□ 否□ 不适用□	是否严格限制未经授权人员直接接触技术资料? 是□ 否□ 不适用□	无形资产的摊销是否符合会计制度? 是□ 否□ 不适用□

注:该表可以根据企业实际进行适当调整。

(三)采购业务活动内部控制评价分析报告

企业的采购业务是企业通过支付货币的行为获得物品和劳务的过程,作为企业经营的主要环节,企业应通过规范采购和付款行为,健全业务记录控制系统,实施采购决策环节的相互制约和监督,在满足生产的前提下确保采购成本的降低。其内部控制活动评价报告主要包括采购计划管理、采购业务实施过程控制、验收入库控制、款项支付控制和账务处理控制等内容。因此,建立企业采购活动内部控制评价报告制度,对保证企业经营的稳定、促进成本的降低和保证产品的质量都起着重要的作用。

在编制和撰写企业采购业务内部控制评价分析报告的过程中,必须根据企业采购的业务流程,通过阅读其要素评价表和相关的评价指标,对企业的采购业务内部控制活动做全面了解和把握。企业采购业务内部控制要素评价表如表1-4所示。

表 1-4　企业采购业务内部控制要素评价表

业务流程	分析关键点和评价指标		
采购计划管理	建立采购计划管理相关制度并严格授权审批		
	是否建立采购计划的编制、审批、执行等相关制度？ 是□ 否□ 不适用□	采购计划的编制、审批、执行等不相容岗位是否由不同的人员任职？ 是□ 否□ 不适用□	年度采购计划是否须经总经理办公会集体表决通过或经总经理批准？ 是□ 否□ 不适用□
	是否建立了库存预警机制，并设置了合理的存货周转率及周转天数、合理库存量等指标？ 是□ 否□ 不适用□	是否存在超范围、超权限、超预算采购审批事项？ 是□ 否□ 不适用□	对于超预算和计划外采购项目，是否履行审批程序？ 是□ 否□ 不适用□
采购实施管理	建立科学的供应商评估和准入制度		
	是否建立了供应商的准入和评价制度，明确选择方式、程序和相关控制措施，规定审批人的权限、责任以及经办人的职责范围和工作要求？ 是□ 否□ 不适用□	是否定期开展供应商准入评价工作？ 是□ 否□ 不适用□	是否根据供应商准入评价结果及时对准入供应商管理名册进行更新？ 是□ 否□ 不适用□
	采购实施制度的确定与实施		
	是否建立《采购招标管理制度》，对招投标的范围、标准、实施程序和评标规则进行明确规定？ 是□ 否□ 不适用□	是否建立材料物资等价格手册，汇总各型号物资及价格，作为采购时的价格指导？ 是□ 否□ 不适用□	是否建立采购合同管理制度并按规定签订采购合同？ 是□ 否□ 不适用□

续表

业务流程	分析关键点和评价指标		
采购实施管理	竞争性谈判、询价或定向采购业务的申请、审批和执行等不相容岗位是否严格分离？ 是□ 否□ 不适用□	对拟签订框架协议的供应商的主体资格、信用状况等是否进行了风险评估？ 是□ 否□ 不适用□	
付款管理	采购、验收、付款等不相容岗位严格分离		
	对物资采购、验收、支付款项等不相容岗位是否严格分离？ 是□ 否□ 不适用□	是否分别建立物资采购、物资验收、采购业务款项的支付等不相容岗位的岗位责任制？ 是□ 否□ 不适用□	对支付采购款项是否建立了审核、审批等不相容岗位分离制度？ 是□ 否□ 不适用□
	与采购有关票据的合法性、有效性		
	在确认负债或支付货款之前，是否对与采购有关的原始凭证（如采购通知单、采购合同、订购单、验收单、发票、货运文件等）进行了检查？ 是□ 否□ 不适用□	如果发生折扣，发票的折扣是否与合同要求相符？ 是□ 否□ 不适用□	在付款上是否建立了定期对账制度？ 是□ 否□ 不适用□
	是否有对账记录？ 是□ 否□ 不适用□		
验收管理	验收管理		
	是否建立验收管理制度和付款管理制度？ 是□ 否□ 不适用□	是否履行验收程序、建立台账？ 是□ 否□ 不适用□	是否建立验收异常情况管理机制？ 是□ 否□ 不适用□

续表

业务流程	分析关键点与评价指标		
预付账款管理	制定预付账款和定金管理制度，进行预付账款风险审核		
	是否建立预付账款和定金管理制度？ 是□ 否□ 不适用□	是否按照预付账款和定金管理制度规定定期进行跟踪核查？ 是□ 否□ 不适用□	是否定期分析预付账款的期限、占用款项的合理性、不可收回风险等情况？ 是□ 否□ 不适用□
	是否对发现有疑问的预付款项，及时采取措施？ 是□ 否□ 不适用□		
退货管理	建立退货管理制度，及时办理索赔		
	是否建立退货管理制度？ 是□ 否□ 不适用□	是否做到退货物资及时收回退货货款？ 是□ 否□ 不适用□	对涉及符合索赔条件的退货，是否在索赔期内及时办理索赔？ 是□ 否□ 不适用□

注：该表可以根据企业实际进行适当调整。

（四）销售业务活动内部控制评价分析报告

企业销售业务作为企业经营活动的重要环节，是企业实现其劳动价值的关键，关系到企业资金的回收和再生产的进行。销售业务既要保证生产的成果顺利实现销售，又要最大限度地保证资金回笼，降低销售款的回收风险。因此，企业销售业务内部控制活动对企业的生产经营活动具有举足轻重的影响。其内部控制评价分析报告对企业的经营风险、企业销售管理的有效性都有着不可低估的作用。

在编制和撰写企业销售业务内部控制评价分析报告的过程中,必须根据企业销售的业务流程,通过阅读其要素评价表和相关的评价指标,对企业的销售业务内部控制活动做全面了解和把握。企业销售业务内部控制要素评价表如表1-5所示。

表1-5 企业销售业务内部控制要素评价表

业务流程	分析关键点和评价指标		
重要客户管理	客户评价制度		
	是否制定客户管理制度,明确对客户准入和客户资信评估的规定? 是□ 否□ 不适用□	是否明确客户准入和客户资信评估部门或岗位的职责、权限? 是□ 否□ 不适用□	客户准入和客户资信评估工作是否执行不相容岗位分离原则? 是□ 否□ 不适用□
	建立严格的授权批准制度,明确授权批准方式、程序和相关控制措施		
	对准入客户是否实行分类管理? 是□ 否□ 不适用□	是否明确准入客户的分类原则? 是□ 否□ 不适用□	对准入客户的评价和调整是否建立严格的授权批准制度? 是□ 否□ 不适用□
	是否建立客户信用档案,并根据评价结果定期更新准入客户名册? 是□ 否□ 不适用□	是否存在超范围、超权限审批事项? 是□ 否□ 不适用□	
销售策略管理	制度的建立健全		
	是否建立销售价格管理制度和销售策略管理制度? 是□ 否□ 不适用□	销售策略管理制度是否能够指导实际销售业务活动? 是□ 否□ 不适用□	是否明确产品销售策略制定、选择使用的范围和条件、审批等规定? 是□ 否□ 不适用□
	是否明确产品销售价格的定价机制? 是□ 否□ 不适用□		

续表

业务流程	分析关键点和评价指标		
销售策略管理	销售策略的展开		
	是否开展市场调查，并根据市场变化适时对产品销售价格或销售策略进行合理调整？ 是☐ 否☐ 不适用☐	销售价格和销售策略的调整业务是否能够按照制度规定执行？ 是☐ 否☐ 不适用☐	是否建立销售价格流程和销售策略业务流程？ 是☐ 否☐ 不适用☐
销售计划与预算管理	制度的建立健全		
	是否制订销售计划和预算管理制度？ 是☐ 否☐ 不适用☐	是否制订销售计划和销售预算管理业务的岗位责任制，明确销售计划和销售预算部门或岗位的职责、权限？ 是☐ 否☐ 不适用☐	是否制订销售计划和销售预算管理的业务流程，明确销售计划和销售预算制订的审批规定？ 是☐ 否☐ 不适用☐
	销售计划与预算的实施		
	销售计划和预算管理制度是否能够指导实际销售计划和销售预算管理业务活动？ 是☐ 否☐ 不适用☐	销售计划和销售预算的编制、审批等不相容岗位是否相互分离？ 是☐ 否☐ 不适用☐	年度销售计划和预算是否经总经理办公会集体决策？ 是☐ 否☐ 不适用☐
	对制订销售计划和预算调整的审批是否适当授权？ 是☐ 否☐ 不适用☐		
销售合同管理	制度的建立健全		
	对销售合同业务办理、审批是否建立适当的授权制度？ 是☐ 否☐ 不适用☐	是否建立销售合同管理业务的岗位责任制，明确有关部门和岗位的职责、权限？ 是☐ 否☐ 不适用☐	是否制订销售合同办理流程，明确销售合同各环节的控制要求？ 是☐ 否☐ 不适用☐

续表

业务流程	分析关键点和评价指标		
销售合同管理	销售合同的具体执行		
	销售合同管理制度是否能够指导实际销售合同管理业务活动？ 是□ 否□ 不适用□	销售合同的起草、审核审查、审批等不相容岗位是否相互分离？ 是□ 否□ 不适用□	是否有未经授权或越权订立销售合同行为？ 是□ 否□ 不适用□
	重大的或重要的销售业务谈判是否形成完整的谈判书面记录？ 是□ 否□ 不适用□	重大的或重要的销售业务合同签订前是否能够征询法律顾问或专家的意见？ 是□ 否□ 不适用□	是否设置销售合同评审表？ 是□ 否□ 不适用□
	审批环节负责人员是否如实填写意见并能够及时办理并传递？ 是□ 否□ 不适用□		
销售发货管理	销售通知的开具、审核，发货的合规性		
	是否设置合适的《销售通知单》等作为销售部门与存货管理部门、财务部门、保卫部门传递销售信息的书面证明？ 是□ 否□ 不适用□	销售部门或人员是否能够按照生效的销售合同准确开具相关销售通知？ 是□ 否□ 不适用□	发货和仓储部门与人员是否能够对销售通知进行合理审核？ 是□ 否□ 不适用□
	发货和仓储部门与人员是否能够严格按照所列项目组织发货？ 是□ 否□ 不适用□	是否建立保卫部门人员审核岗位责任制，并配备合适的保卫人员？ 是□ 否□ 不适用□	保卫人员是否能够认真核对销售通知与实际运输的销售货物后才放行？ 是□ 否□ 不适用□
销售退回管理	制度建设		
	是否建立销售退回管理制度？ 是□ 否□ 不适用□	是否建立销售退回业务的岗位责任制，明确有关部门和岗位的职责、权限？ 是□ 否□ 不适用□	

续表

业务流程	分析关键点和评价指标		
销售退回管理	制度的实施 销售退回管理制度是否能够指导实际销售退回管理业务活动？ 是☐ 否☐ 不适用☐	办理销售退回业务的经办、审批、验收、保管等不相容岗位是否相互分离？ 是☐ 否☐ 不适用☐	是否能够对销售退回原因进行详细分析，总结经验教训，并及时妥善处理销售退回业务？ 是☐ 否☐ 不适用☐
	对产生法律纠纷的销售退回，是否能够积极应对？ 是☐ 否☐ 不适用☐		
销售发票管理	是否建立销售发票管理制度，并对发票的保管、使用、传递、作废重新开具做出明确规定？ 是☐ 否☐ 不适用☐	是否建立发票管理业务岗位责任制？ 是☐ 否☐ 不适用☐	发票开具人员是否能够严格核对销售通知、销售合同及发货证明等？ 是☐ 否☐ 不适用☐
	对开错的发票是否按照规定采取正确措施进行处理？ 是☐ 否☐ 不适用☐		
售后服务管理	是否建立客户服务制度，并适时对客户服务制度进行完善？ 是☐ 否☐ 不适用☐	是否开展客户服务和跟踪活动？ 是☐ 否☐ 不适用☐	是否不断改进产品质量和服务水平，提升客户满意度和忠诚度？ 是☐ 否☐ 不适用☐
	是否能够准确收集客户反馈的信息，正确受理客户的投诉和处理客户的退货、换货、产品维修业务？ 是☐ 否☐ 不适用☐	是否制订售后服务工作流程，指导售后服务工作的开展？ 是☐ 否☐ 不适用☐	是否制订售后服务应急方案？ 是☐ 否☐ 不适用☐

续表

业务流程	分析关键点和评价指标		
应收款管理	制度建设		
	是否制定应收款项管理岗位责任制？ 是□ 否□ 不适用□	是否制定合理的信用政策，明确赊销业务的批准范围、权限？ 是□ 否□ 不适用□	是否制定应收款项管理制度？ 是□ 否□ 不适用□
	是否建立应收款项内部管理报告制度和管理考核机制？ 是□ 否□ 不适用□		
	制度的落实与实施		
	办理应收款项管理的确认、催收、记录等不相容岗位是否相互分离？ 是□ 否□ 不适用□	销售人员和会计人员是否每月检查、核对应收账款情况，对应收账款进行账龄或因素分析，并编制会计报表和提交分析说明？ 是□ 否□ 不适用□	销售人员和会计人员是否建立并认真登记应收账款台账？ 是□ 否□ 不适用□
应收票据管理	是否制定商业票据管理制度，明确商业票据的取得、贴现和背书等规定？ 是□ 否□ 不适用□	是否建立商业票据管理台账，并定期检查和报告商业票据持有、使用情况？ 是□ 否□ 不适用□	接受商业票据结算是否进行适当授权管理？ 是□ 否□ 不适用□
销售会计管理	是否制定财务管理制度和会计核算制度，明确对销售、发货、收款业务及时进行会计监督和准确的会计核算？ 是□ 否□ 不适用□	进行会计处理时是否能够认真审核销售合同、销售通知、发运凭证、销售发票等？ 是□ 否□ 不适用□	是否建立了存货定期盘点制度并定期组织相关部门实施存货盘点？ 是□ 否□ 不适用□
	是否制定应收款项坏账的管理制度并对坏账处理进行适当授权管理？ 是□ 否□ 不适用□	是否明确规定对无法收回的应收款项要认真查明原因，并按照规定进行处理？ 是□ 否□ 不适用□	对无法收回的应收款项进行坏账处理是否按业务流程规定履行严格的审批程序？ 是□ 否□ 不适用□

注：该表可以根据企业实际进行适当调整。

(五)成本费用内部控制评价分析报告

企业的目标是实现利润最大化,在激烈的市场竞争的环境下,成本费用直接影响产品的销售价格。加强成本费用控制有利于企业改善生产经营管理,提高企业效益。企业成本费用的控制措施是否有效,其控制的关键点在哪里,如何控制才能保证企业成本费用的最小化已成为提高企业经济效益、增强竞争力的重要手段。其内部控制活动评价报告有助于企业更有效地控制资金的使用,减少资金的占用和成本的耗费,保证成本费用效用的最大化和安全。

在编制和撰写企业成本费用内部控制活动评价分析报告的过程中,必须根据企业成本费用的业务流程,通过阅读其要素评价表和相关的评价指标,对企业的成本费用内部控制活动做全面了解和把握。企业成本费用内部控制要素评价表如表1-6所示。

表1-6 企业成本费用内部控制要素评价表

业务流程	阅读关键点与评价指标		
成本费用预测和计划编制	成本费用的预测		
	是否建立了成本费用预算管理制度? 是□ 否□ 不适用□	是否按时提交成本费用预算方案? 是□ 否□ 不适用□	财务部门是否对预测方案汇总并进行分析比较? 是□ 否□ 不适用□
	成本费用的预测范围是否涉及所有部门和所有费用? 是□ 否□ 不适用□	在进行成本预测时是否列出降低成本的途径和措施? 是□ 否□ 不适用□	企业是否具有专人或部门对费用预测实施监督? 是□ 否□ 不适用□
	成本费用的计划编制		
	是否对成本费用计划编制实行授权审批制度? 是□ 否□ 不适用□	各部门是否按时预先提交成本费用计划? 是□ 否□ 不适用□	是否对成本费用方案修正优化后确定正式成本方案? 是□ 否□ 不适用□

续表

业务流程	阅读关键点与评价指标		
成本费用预测和计划编制	当成本费用计划变更时是否经相关部门审核和批准？ 是□ 否□ 不适用□		
成本费用控制	成本费用控制标准		
	成本费用控制标准是否科学、先进、合理？ 是□ 否□ 不适用□	成本费用定额的制定和修改是否经有关部门审核和批准？ 是□ 否□ 不适用□	
	成本费用的全过程控制		
	成本费用原始记录是否建立健全，以及是否有传递、报送和审核制度？ 是□ 否□ 不适用□	成本费用是否形成全部门、全员控制？ 是□ 否□ 不适用□	成本费用控制是否建立健全物资的计算、收发、领用、退还和盘点制度？ 是□ 否□ 不适用□
	各部门是否对成本费用的实施进行计划的分解和落实工作？ 是□ 否□ 不适用□	成本费用管理是否按照成本核算和管理的基本制度执行？ 是□ 否□ 不适用□	成本费用保管、成本会计记账、生产管理、材料物资和产品检验等不相容职务是否相分离？ 是□ 否□ 不适用□
成本分析和核算	成本分析和核算		
	是否利用目标成本费用与实际成本费用差异进行分析并查找差异的原因？ 是□ 否□ 不适用□	相关成本费用控制部门是否定期或者不定期召开成本控制分析会议？ 是□ 否□ 不适用□	成本费用的汇总是否按期归集？ 是□ 否□ 不适用□

续表

业务流程	阅读关键点与评价指标		
成本分析和核算	财务部门是否定期及时编制相关成本费用表并报公司高层审核？ 是□ 否□ 不适用□	成本费用监督机制是否建立健全并定期或者不定期进行审计检查？ 是□ 否□ 不适用□	

注：该表可以根据企业实际进行适当调整。

（六）担保活动内部控制评价分析报告

在中小企业中，担保活动经常发生，企业的担保业务是企业按照公平、自愿、互利原则与债权人约定，作为担保人在债务人不能履行债务时，依据法律和合同协议承担相应责任的行为。担保业务的内部控制就是明确担保的对象、范围、方式、条件、程序、限额和禁止担保等事项，规范调查评估、审核批准、担保执行等工作流程，按照政策、制度办理担保业务，定期检查担保执行情况，防范担保风险。因此，企业担保业务内部控制活动关系到企业的生存和发展。其内部控制评价报告在企业的风险管理中具有不可忽视的影响。

在编制和撰写企业担保业务内部控制评价分析报告的过程中，必须根据企业担保的业务流程，通过分析其要素评价表和相关的评价指标，对企业的担保业务内部控制活动做全面了解和把握。企业担保业务内部控制要素评价表如表1-7所示。

表1-7 企业担保业务内部控制要素评价表

业务流程	分析关键点和评价指标		
调查评估与审批	制度的建立与实施		
	企业是否制定了担保业务的授权和审批及相关管理制度？ 是□ 否□ 不适用□	企业是否组织相关部门或委托中介机构对担保申请人进行资信调查和风险评估，并对评估结果出具书面报告？ 是□ 否□ 不适用□	是否明确不得提供担保的具体情况？ 是□ 否□ 不适用□
	是否建立了担保业务责任追究制度？ 是□ 否□ 不适用□	企业对关联方提供担保的，与关联方存在经济利益或近亲属关系的有关人员在评估与审批环节是否采取了回避政策？ 是□ 否□ 不适用□	
	被担保人要求变更担保事项的，是否重新履行调查评估与审批程序？ 是□ 否□ 不适用□	企业是否根据审核批准的担保业务订立担保合同，并要求被担保人定期提供财务报告有关资料，及时通报担保事项的事实情况？ 是□ 否□ 不适用□	
执行与监控	日常管理		
	企业是否出现由于日常管理不力，导致未及时发现异常情况，未能有效防范担保业务风险，给企业带来损失的现象？ 是□ 否□ 不适用□	对于出现被担保人异常的情况，是否明确报告处理程序和要求？ 是□ 否□ 不适用□	对于被担保人未按合同履行义务的情况，是否明确规定企业的权力救济程序，并及时启动权力救济程序，确保在有效期得到及时救济？ 是□ 否□ 不适用□

续表

业务流程	分析关键点和评价指标		
执行与监控	担保业务的实施		
	企业是否建立了担保事项台账，详细记录担保对象、金额、期限、用于抵押和质押的物品或权利等有关事项？ 是□ 否□ 不适用□	企业是否有专门的部门或人员对反担保财产进行管理，妥善保管反担保的权力凭证，定期核实财产的存续状况和价值？ 是□ 否□ 不适用□	企业是否有专门的部门或人员保管收集担保业务的相关合同和原始资料等，保证资料完整无缺？ 是□ 否□ 不适用□

注：该表可以根据企业实际进行适当调整。

第二部分

企业内部控制评价分析报告示范

案例资料

HY电子设备有限公司是一家制造电子产品和电子设备的制造业企业。该公司2016年总体经营情况处于亏损状态,经对公司财务情况进行分析,发现之所以产生亏损是和对设备及原材料采购业务缺乏有效控制有关。为加强内部控制,进一步扭亏为盈,公司在2017年强化采购管理,通过加强对采购业务的内部控制,力争2017年在采购业务内部控制上上一个新的台阶。

经过一年的内部控制制度建设和内部控制制度的有效实施,HY公司采购业务取得了明显成效。在采购流程上,进一步明确了流程的规范性和科学性,采购计划更加合理,与生产计划更加配套,采购业务的审核审批更加规范有序。在供应商的准入和选择上,采购部对原来的48家供应商进行了信用、质量、时效等因素分析,将供应商的数量压缩到16家。供应商的供货时效和质量都得到了明显的提升。采购成本在扣除市场因素的前提下比2016年降低了18.4%,采购业务事故发生率从2016年的11.3%下降到了2017年的5.5%。采购成本对利润的贡献率达到16.2%,创下了历史新高。不仅如此,采购内控的完善还对企业生产、仓储等部门的内控制度完善产生了积极影响。

对于取得的成绩,采购部王经理十分高兴,他在年底时将2017年的内部控制制度建立和实施评价底稿与2016年评价底稿进行了一个对比,一是希望能够在年终总结时突出本部门的工作成效;二是希望通过这种形式能够将采购业务更往前推进一步。他希望能够在2018年将采购业务的全部流程纳入内部控制的管道并严格实施,力争采购成本能够比2017年再下降30%,将采购业务事故发生率控制在2%以下,采购成本对利润的贡献率能够保持不变或略有增加。

下表列明了该公司采购部门 2016 年公司内部控制的制度建立和执行情况以及 2017 年内部控制的具体执行与实施情况,王经理根据这些相关资料编制了 2017 年采购业务内部控制评价分析报告。

表 2-1　HY 公司采购部内部控制制度设计与实施对照表(评价底稿)

部门:采购部　　　　　　　　　　　　　　　　　　　　　　　年份:2017 年

业务流程		内控关键点	内部控制执行与实施情况		备注(原因)
			2016 年	2017 年	
采购计划管理	建立采购计划管理相关制度并严格授权审批	是否建立采购计划的编制、审批、执行等相关制度?	已建立	已建立	
		采购计划的编制、审批、执行等不相容岗位是否由不同的人员任职?	未实施	已实施	
		年度采购计划是否须经总经理办公会集体表决通过或经总经理批准?	未实施	已实施	
		是否建立了库存预警机制,并设置了合理的存货周转率及周转天数、合理库存量等指标?	未实施	已实施	
		是否建立了采购授权审批制度?	已建立	已建立	
		是否存在超范围、超权限、超预算采购审批事项?	已执行	已执行	
		对于超预算和计划外采购项目,是否履行审批程序?	未实施	已实施	

续表

业务流程		内控关键点	内部控制执行与实施情况		备注（原因）
			2016 年	2017 年	
采购实施管理	供应商管理	是否对供应商的准入和评价建立制度，明确选择方式、程序和相关控制措施，规定审批人的权限、责任以及经办人的职责范围和工作要求？	已建立	已建立且实施	
		是否定期开展供应商准入评价工作，并根据供应商准入评价结果及时对准入供应商管理名册进行更新？	未实施	未实施	缺乏必要的监控人员和手段
		供应商准入和评价工作是否按照制度和授权审批权限规定执行？	未实施	已实施	
	采购实施制度的确立和实施	是否建立《采购招标管理制度》，对招投标的范围、标准、实施程序和评标规则进行明确规定？	未建立	已建立	
		是否建立材料物资等价格手册，汇总各型号物资及价格，作为采购时的价格指导？	已建立	已建立	
		是否建立采购合同管理制度并按规定签订采购合同？	已建立	已实施	
		竞争性谈判、询价或定向采购业务的申请、审批和执行等不相容岗位是否严格分离？	未执行	已执行	
		对拟签订框架协议的供应商的主体资格、信用状况等是否进行了风险评估？	未执行	已执行	

续表

业务流程	内控关键点	内部控制执行与实施情况 2016 年	内部控制执行与实施情况 2017 年	备注（原因）
付款管理	不相容岗位分离原则的实施	对物资采购、验收、支付款项等不相容岗位是否严格分离？	已执行	已执行	
付款管理	不相容岗位分离原则的实施	是否分别建立物资采购、物资验收、采购业务款项的支付等不相容岗位的岗位责任制？	部分建立	部分建立	物资采购和业务款项支付已建立并实施
付款管理	不相容岗位分离原则的实施	对支付采购款项是否建立了审核、审批等不相容岗位分离制度？	已建立	已建立	
付款管理	与采购有关票据的合法有效性检查	在确认负债或支付货款之前，是否对与采购有关的原始凭证（如采购通知单、采购合同、订购单、验收单、发票、货运文件等）进行检查？	部分执行	全部执行	
付款管理	与采购有关票据的合法有效性检查	发票的折扣是否与合同要求相符？	已执行	已执行	
付款管理	与采购有关票据的合法有效性检查	是否建立了定期对账制度，并有对账记录？	未执行	已执行	
验收管理	验收制度	是否建立了验收管理制度和付款管理制度？	未建立	已建立	
验收管理	验收实施	是否履行验收程序，建立台账？	未建立	已建立	
验收管理	验收实施	是否建立验收异常情况管理机制？	未建立	已建立	

续表

业务流程	内控关键点	内部控制执行与实施情况 2016年	内部控制执行与实施情况 2017年	备注（原因）
预付账款管理	制定预付账款和定金管理制度，进行预付账款风险审核	是否建立预付账款和定金管理制度？	部分建立	部分建立	在资金管理制度中有预付账款管理但没有定金管理制度
		是否按照预付账款和定金管理制度规定定期进行跟踪核查？	未执行	未执行	制度实施不得力
		是否定期分析预付账款的期限、占用款项的合理性、不可收回风险等情况？	未执行	未执行	观念上的认识不足
		是否对发现有疑问的预付款项，及时采取措施？	已执行	已执行	
退货管理	建立退货管理制度，及时办理索赔	是否建立退货管理制度？	未建立	未建立	观念上的认识不足
		是否做到退货物资及时收回退货货款？	已执行	已执行	
		对涉及符合索赔条件的退货，是否在索赔期内及时办理索赔？	未执行	未执行	纠纷处理不及时

案例要求

1. 依据企业内部控制评价分析报告指引中采购业务内部活动控制要素评价分析表，阅读该公司采购部内部控制制度设计与实施对照表（评价底稿)。

2. 根据阅读所得到的相关资料,填制下列内部控制评价分析报告(填空和选择),并形成完整的企业内部控制评价分析报告。

HY 电子设备有限公司采购业务内部控制评价分析报告

公司董事会及公司领导:

根据公司董事会的要求和财务分析的实际,结合 2017 年公司"内部控制强化管理年"的具体要求,为了进一步 ☑扭亏为盈 ☒提高市场占有率 ☒保持经济效益快速成长,从源头上做到降低生产成本、提高产品质量,提升企业经济效益,采购部 2017 年以强化本部门业务管理为突破口,以提升工作效率、降低采购成本、避免采购业务风险为主要目标,制定且实施了以部门内部控制为主要工作内容的管理活动,取得了显著的效果和较好的经济效益。现将本年度采购业务内部控制制度建设与执行结果的主要成果和内容汇报如下。

一、采购业务各项内部控制制度建立情况

随着公司内部控制管理办法的正式颁布实施,采购部根据采购工作的实际情况,建立了相应的共 __8(个数)__ 项内部控制制度,其中主要包括:

☑1.《HY 电子设备有限公司采购计划管理制度》;

☑2.《HY 电子设备有限公司供应商管理制度》;

☑ 3.《HY 电子设备有限公司招投标管理制度》；

☑ 4.《2017 年 HY 电子设备有限公司原材料价格手册》；

☑ 5.《HY 电子设备有限公司采购合同管理制度》；

☑ 6.《HY 电子设备有限公司原材料及设备验收管理制度》；

☑ 7.《HY 电子设备有限公司资金管理制度》；

☑ 8.《HY 电子设备有限公司采购授权审批管理制度》；

☐ 9.《HY 电子设备有限公司退换货管理制度》；

☐ 10.《HY 电子设备有限公司台账管理制度》。

这些内部控制制度的制定和实施基本覆盖了采购业务的全过程，为采购部今后工作的开展打下了坚实的基础，也为强化采购业务内部控制提供了依据。

二、采购计划的审批与执行情况

严格按照☑《HY 电子设备有限公司采购计划管理制度》☑《HY 电子设备有限公司采购授权审批管理制度》☐《HY 电子设备有限公司台账管理制度》☐《HY 电子设备有限公司采购合同管理制度》等相关制度的有关规定，对各项目的采购计划进行梳理检查，☐存在☑不存在计划不实，擅自扩大采购品种、数量等问题，☐存在☑不存在需求与采购计划不合理、与企业生产经营计划不协调等问题。对采购计划的审批程序和各流程、环节进行了详细检查，☐发现☑没有发现越权采购、减低采购审批权限、虚报计划变通采购、套取现金等问题。采购部完全按照公司的有关规定和权限、规范采购，☐存在☑不存在其他违反物资采购计划审批和执行有关规定的问题。

三、采购实施管理的内部控制执行情况

（一）供应商的内部控制制度和执行情况

采购部门本报告期☑建立了□未建立供应商的准入和评价制度，明确了供应商的选择方式和程序，规定审批人的权限、责任以及经办人的职责范围和工作要求。供应商准入和评价工作严格按照相关制度和授权审批权限规定执行。但需要指出的是，对供应商的定期评价工作因☑时间关系□制度原因没有得到及时有效的实施，对供应商管理名册也没有进行必要的修改更新。

（二）采购招投标、价格管理内部控制与执行情况

报告期内，本部门严格按照☑《HY电子设备有限公司招投标管理制度》☑《HY电子设备有限公司采购授权审批管理制度》☑《HY电子设备有限公司采购合同管理制度》☑《2017年HY电子设备有限公司原材料价格手册》等相关制度实施和执行。对采购业务的申请、审批和执行等不相容岗位☑进行 □未进行严格分离，对拟签订框架协议的供应商的主体资格、信用状况等☑进行 □未进行风险评估，□出现 ☑没有出现协议签署不当、未经授权订立采购合同以及合同对方主体资格、履约能力未达到要求的情况出现。□存在 ☑不存在合同内容出现重大疏漏和欺诈事件的发生。

四、采购付款、验收、预付账款、退货管理质量内部控制和执行情况

对物资采购、支付款项等不相容岗位☑建立了□未建立审核、审批等不相容岗位分离制度并☑进行了□未进行严格的分离，☑建立 □未建立物资采购和采购业务款项的支付不相容岗位的岗位责任制并☑已实施 □未

实施。在确认负债或支付货款之前，对与采购有关的原始凭证（如采购通知单、采购合同、订购单、验收单、发票、货运文件等及其票据的合法性、有效性）等☑进行 □未进行检查。☑建立 □未建立定期对账制度并☑有 □没有对账记录。

在采购☑预付账款 □付款环节，本部门□按照 ☑未按照预付账款和定金管理制度规定定期进行跟踪核查，对预付账款的期限、占用款项的合理性、不可收回风险等情况□进行 ☑未进行定期或者不定期分析。但对有疑问的预付款项，能够及时采取措施，☑存在 □不存在一定的内控风险。

在退换货管理制度上，☑能够 □不能够做到退货物资及时收回退货货款，对涉及符合索赔条件的退货，□能够 ☑不能够做到在索赔期内及时办理索赔。

五、采购内控建设对企业经营业绩的影响

采购部门的内部控制建设促进了企业经营业绩的提升，主要表现在：

在采购流程上，进一步明确了采购业务流程的☑规范性 ☑科学性，采购计划更加合理、与生产计划更加配套，采购业务的审核审批规范有序。在供应商的准入和选择上，采购部对原来的 48 家供应商进行了信用、质量、时效等因素分析，将供应商的数量压缩到 16 家。供应商的时效和质量都得到了明显的提升。采购业务事故发生率从2016年的 11.3% 下降到了2017年的 5.5% 。采购成本在扣除市场因素的前提下比2016年降低了 18.4% ，采购成本对利润的贡献率达到 16.2% ，不仅如此，采购内控的完善还对企业☑生产、☑仓储、□销售等部门的内控制度完善产生了积极影响。

六、分析结论

根据对上述采购业务内部控制制度设计与实施对照表（评价底稿）的逐项检查，我们认为：

☑ 1. 报告期内本部门现有内部控制制度已基本建立健全，能够适应企业管理的要求和企业发展的需要，能够保证内部控制活动的真实有效性，能够对企业各项业务活动的健康运行和公司内部经营活动的贯彻执行提供保证。公司内部控制是有效的，不存在内部控制重大缺陷。

☐ 2. 报告期内本部门现有内部控制制度不够完善，还不能完全适应企业发展和日常管理的需要，不能完全保证业务活动的健康运行和公司内部经营活动的贯彻执行，不能够保证内部控制的真实有效性，存在着内部控制重大缺陷。

七、存在的问题及原因

报告期本部门在内部控制活动中取得了很大进步，但还是存在许多不足，主要表现在：

☑ 1. 不相容职务相分离制度没有得到全面的贯彻执行；

☑ 2. 预付账款和定金管理制度及退换货管理制度没有建立健全；

☑ 3. 没有按照预付账款和定金管理制度规定定期进行跟踪核查；

☑ 4. 没有定期分析预付账款的期限、占用款项的合理性、不可收回风险等情况；

☐ 5. 没有建立定期对账制度和对对账情况进行有效记录。

导致这些内部控制活动不足的因素是多方面的，主要表现在：

☐ 1. 时间紧迫导致实施延误；

☑ 2. 部门内部人员认识不足；

☐ 3. 缺乏有效的监督手段；

☑ 4. 内控制度实施不得力。

八、完善采购业务内控的相关建议

1. 2018年进一步完善各项内部控制制度，对现有的制度进行完善和修改，对存在着一定内控风险的环节和节点，进行重点完善，加强各项制度在现实工作中的可实施性，为采购业务活动管理水平的提高提供更好的制度依据。

2. 加强采购业务内部控制活动的实施，狠抓落实，首先要提高对企业内控重要性的认识，树立良好的内控意识，将内控活动作为日常工作的重点来抓；其次要加大对内控的监督力度，安排专门人员来进行有效的内部控制监督；最后要严格按照计划要求，严格审核、审批、授权手续，确保采购业务的有效实施。

报告人：HY公司采购部

二〇一八年一月五日

第三部分

企业内部控制评价分析报告案例训练

训练案例 1
企业资金内部控制评价分析报告

案例资料

GX 房地产有限公司是一家有一定知名度的房地产企业。该公司于 2015 年 11 月发生了一起会计人员马某挪用公款 960 万元用于打赏女主播的事件。犯罪当事人被依法判决有期徒刑 14 年。这件事充分暴露了 GX 房地产有限公司财务部门内部管理不善的问题,给 GX 房地产有限公司强化资金内部控制敲响了警钟。

GX 房地产有限公司虽然建立了资金内部控制制度,但很不完善,在财务部另外一位工作人员调离,财务总监忙于其他工作的时候,马某一人可以接触到所有的票据、印章、现金,甚至出现所有的财会业务都由他一人承担的局面,形成了事实上"一个人的财务部"。这是导致这次事件发生的客观原因。

痛定思痛,GX 房地产有限公司自 2016 年开始强化资金内部控制,要求进一步明确资金内部控制的实施权限和责任。公司认识到,虽然这件事有一定的偶然性,同时也只是发生在运营资金管理上,但它所显示的是公司在资金内部控制上进而在整个公司的内部控制上都出现了问题。因此,公司董事会将 2017 年定为"内部控制强化管理年",并要求所有部门在年终要上报各部门内部控制评价分析报告。特别是财务部门,公司于 2017 年年初委派了新的财务经理郝成来主抓内部控制的建设。他上任后,首先对财务部门的相关制度进行了摸底,结果令人吃惊,公司财务制度有的是严重不健全，有的虽然有但形同虚设。于是，郝经理开始大刀阔斧地进行内部控制的制度建设和完善。到2017年年底，先后建立了企业筹资管理制度、企业投资管理制度、资金授权审批控制制度、货币资金安全控制制度、内部稽核控制制度，完善了资金管理职责分工控制制度、货币资金收付控制制度、内部记录和核对控制制度以及票据和印章管理控制制度。在具体的执行过程中，郝经理也是严格按照这些制度规定实施。例如，本报告期内企业投资一个新的房地产项目，以前公司缺乏专人对项目资金进行跟踪管理，资金使用的随意性较大，现在郝经理通过项目岗位责任制，对投资项目的财务状况、生产情况等定期进行投资质量分析，而且建立了项目投资管理台账，有效地避免了投资的随意性和盲目性。

随着内部控制制度的实施，到2017年年底时，郝经理总算觉得有点眉目了。于是，他将2016年度的内部控制制度建立和执行情况与2017年进行了一个对比，希望能够根据所收集到的数据来编制财务部门的资金内部控制评价分析报告，同时，还希望能够及时发现在资金内部控制上存在的漏洞，在2018年进一步完善。

下表列明了该公司财务部门2017年公司资金内部控制的制度建立和执行情况以及2016年资金内部控制的具体执行与实施情况，郝经理根据这些相关资料编制了2017年资金业务内部控制评价分析报告并上报董事会。

表 3-1　GX 房地产公司资金内部控制执行与实施情况对照表（评价底稿）

部门：财务部　　　　　　　　　　　　　　　　　　　　　　　　年份：2017 年

业务流程		内控关键点	内部控制执行与实施情况		备注（原因）
			2016 年	2017 年	
筹资方案的制订	制度健全性	筹资管理制度是否健全？	未建立	已建立	
	筹资方案对公司政策国家法规的合理性	筹资方案是否符合公司政策、国家法规？	未实施	已实施	
	筹资方案的财务评估合理性	筹资方案中是否对筹资成本和潜在风险做充分估计，并制定相应策略？	已实施	已实施	
		筹资方案中是否对筹资规模、用途等进行了明确？	已实施	已实施	
		筹资方案中是否对偿债计划等做出安排和说明？	已建立	已建立	
筹资方案的审批	筹资方案审批的有效性	是否明确规定筹资的审批权限？	已执行	已执行	
		筹资方案发生重大变更是否履行相应审批程序？	未实施	已实施	
		对重大筹资方案是否编制可行性研究报告？	已实施	已实施	
		是否根据规定的权限和程序实行集体决策审批或者联签制度？	未实施	未实施	

续表

业务流程	内控关键点	内部控制执行与实施情况 2016年	内部控制执行与实施情况 2017年	备注（原因）
筹资方案的执行	筹资活动记录的真实性	是否对筹资业务的记录、合同或协议、凭证和账簿进行妥善保管？	已执行	未执行	认识不到位
筹资方案的执行	筹资风险控制的有效性和合规性	银行借款筹资业务的风险控制是否有效？	已执行	已执行	
筹资方案的执行	筹资风险控制的有效性和合规性	债券筹资的风险控制是否有效？	已执行	已执行	
筹资方案的执行	筹资风险控制的有效性和合规性	筹资改变用途的风险控制是否有效？	未执行	已执行	
筹资方案的执行	筹资风险控制的有效性和合规性	是否按照筹资方案或合同约定的本金、利率、期限、汇率及币种，准确计算应付利息，与债权人核对无误后按期支付？	已执行	已执行	
投资方案的拟订	投资方案风险控制有效性	是否制定投资管理制度？	未建立	已建立	
投资方案的拟订	投资方案风险控制有效性	企业采用并购方式进行投资，是否对并购对象开展尽职调查？	未实施	未实施	未采用并购方式进行投资
投资方案的拟订	投资项目对国家政策和企业规划的符合性	投资项目是否符合国家产业政策及相关法律法规的规定？	未建立	已建立	
投资方案的拟订	投资项目对国家政策和企业规划的符合性	投资项目是否符合企业投资战略目标和规划？	已建立	已建立	

续表

业务流程	内控关键点	内部控制执行与实施情况 2016年	内部控制执行与实施情况 2017年	备注（原因）
投资方案的拟订	投资项目对国家政策和企业规划的符合性	企业是否根据投资目标和规划，合理安排资金投放结构，科学确定投资项目，拟订投资方案，确保资金使用安全和满足企业正常资金使用需求？	已建立	已实施	
投资项目审批	投资项目可行性分析	是否由相关部门、人员或委托专业机构对投资方案可行性进行评估？	未进行	已进行	一般是由相关部门、人员进行，没有委托专业机构
投资项目审批	投资项目的审批与变更的有效性	是否按照规定的权限和程序对投资项目进行决策审批？	未执行	已执行	
投资项目审批	投资项目的审批与变更的有效性	重大投资项目是否按照规定的权限和程序实行集体决策或者联签制度？	未执行	未执行	由总经理单独决策
投资项目审批	投资项目的审批与变更的有效性	投资方案是否经有关管理部门批准并履行相应的报批程序？	未履行	已履行	
投资项目审批	投资项目的审批与变更的有效性	投资方案发生重大变更的，是否重新进行可行性研究并履行相应审批程序？	未执行	已执行	
投资项目审批	投资项目的审批与变更的有效性	企业是否制订明确投资实施方案，明确出资时间、金额、出资方式及责任人员等内容，并通过签订投资合同明确双方权利义务和违约责任等内容？	已执行	已执行	

续表

业务流程		内控关键点	内部控制执行与实施情况		备注（原因）
			2016 年	2017 年	
投资项目实施	投资项目实施记录控制有效性	企业是否指定专门机构或人员对投资进行跟踪管理，以掌握被投资项目的财务状况、经营情况和现金流量，定期进行投资质量分析？	未建立	已建立	
		投资项目出现异常情况是否及时向有关部门和人员报告，并采取相应措施？	未建立	已建立	
		企业是否对投资项目建立投资管理台账，详细记录投资对象、金额、持股比例、期限、收益等事项，妥善保管投资合同和出资证明？	已建立	已建立	
		企业是否定期或不定期地与被投资企业核对有关投资账目，保证投资的安全、完整？	未建立	未建立	自身投资
	投资减值、转让、核销和收回控制有效性	企业是否对投资项目减值情况进行定期检查和归口管理，设置合理的减值准备的计提标准和审批程序，按照企业资产减值相关规定正确执行？	已执行	已执行	
		投资转让是否根据审批权限审批并确定公允合理的转让价格？	已执行	已执行	

续表

业务流程	内控关键点	内部控制执行与实施情况		备注（原因）
		2016年	2017年	
投资项目实施	投资减值、转让、核销和收回控制有效性	投资收回是否根据审批权限审批？	已执行	已执行	
		对于到期无法收回的投资，是否建立责任追究制度？	未建立	未建立	没有出现这种投资
		核销投资是否取得不能收回投资的法律文书和相关证明文件？	未执行	未执行	内控制度实施不力
		是否设置了科学的投资核销审批程序，确保资产处置真实、合法？	未设置	已设置	
资金营运	资金收支控制有效性	是否建立了资金收支管理制度？	已建立	已建立	
		企业是否建立了资金集中管理，强化资金统一控制和调配的制度机制？	未建立	未建立	已计划但没有来得及建立
		是否实行全面预算管理方式，并对预算年度内的各项财务活动和资本运营情况，编制资金预算？	未执行	未执行	董事长认为没有必要，他知道全部情况
		是否明确支出款项的用途、金额、预算、限额、支付方式等内容，并在严格审核原始单据或相关证明后，才安排资金支出？	未执行	已执行	

续表

业务流程		内控关键点	内部控制执行与实施情况		备注（原因）
			2016 年	2017 年	
资金营运	资金收支控制有效性	企业是否建立和健全预防关联方及控股股东占用企业资金及转移资金的舞弊行为的制度和规定？	未建立	已建立	
		是否建立资金使用和授权批准工作制度与程序？	已建立	已建立	
	资金管理控制有效性	企业是否建立银行账户和银行预留印鉴的管理制度？	已建立	已建立	
		银行账户是否全部纳入资金集中管理？	未建立	已建立	
		是否通过资金平台提报月度资金预算？	未执行	已执行	
		是否通过资金平台提报日资金计划？	未执行	未执行	认识不足，认为只要月报就足够了
		企业是否明确各种票据的购买、保管、领用、背书转让、注销等环节的处理程序和备查登记制度？	已建立但未实施	建立且实施	
		是否制定相关制度和程序，确保在生产经营及其他业务活动中取得的资金收入及时入账？	已建立	已建立	
		是否有收款不入账、设立"小金库"现象？	有	已取消	

续表

业务流程	内控关键点	内部控制执行与实施情况 2016年	内部控制执行与实施情况 2017年	备注（原因）
资金营运	不相容职务分离控制有效性	是否对不相容职务分离进行设置？	已建立	严格实施	进一步规范化
		办理资金业务的人员是否定期进行岗位轮换？	未执行	未执行	人员不足
		出纳职务是否与会计职务分离，出纳人员是否兼任稽核、会计档案保管以及收入、支出、费用、债权、债务账目的登记工作？	未执行	已执行	
		支票保管职务与印章保管职务是否分离？	分离但流于形式	已执行	
		支票审核职务与支票签发职务是否分离，以及会计人员是否不能兼任支票签发职务？	未执行	已执行	
		银行印鉴保管职务是否分离，以及是否不能由一人保管支付款项所需的全部印章？	未执行	已执行	

案例要求

1. 依据企业内部控制评价分析报告指引中资金业务内部活动控制要素评价表，阅读该公司财务部资金内部控制制度执行与实施对照表。

2. 根据阅读所得到的相关资料，填制下列资金内部控制评价分析报告（填空与选择），并形成完整的企业内部控制评价分析报告。

GX 房地产有限公司资金内部控制评价分析报告

公司领导与董事会：

根据公司董事会的要求和财务分析的实际，结合 2017 年公司"＿＿＿年"的具体要求，为了进一步□扭亏为盈 □加强资金管理 □保持经济效益快速成长，财务部 2017 年以强化本部门业务管理为突破口，以提升工作效率、避免□资金管理风险 □采购业务风险为主要目标，制订且实施了以资金内部控制为主要工作内容的管理活动，取得了显著的效果和较好的经济效益。现将本年度内部控制工作的主要成果和内容汇报如下。

一、采购部各项内部控制制度建立情况

随着公司内部控制管理办法的正式颁布实施，财务部根据资金管理的实际情况，也建立和完善了相应的大小共＿＿＿（个数）项内部控制制度，其中主要包括：

□1.《GX 房地产有限公司筹资管理制度》；

□2.《GX 房地产有限公司投资管理制度》；

□3.《GX 房地产有限公司票据和印章管理控制制度》；

□4.《GX 房地产有限公司招投标管理制度》；

□5.《GX 房地产有限公司资金授权审批控制制度》；

□6.《GX 房地产有限公司货币资金安全控制制度》；

□7.《GX 房地产有限公司内部稽核控制制度》；

☐ 8.《GX 房地产有限公司货币资金收付控制制度》；

☐ 9.《GX 房地产有限公司内部记录和核对控制制度》；

☐ 10.《GX 房地产有限公司资金集中归口管理制度》。

这些内部控制制度的制定和实施基本覆盖了_____的全过程，为财务部今后工作的开展打下了坚实的基础，也为强化资金内部控制提供了依据。

二、筹资业务的内部控制执行情况

严格按照☐《GX 房地产有限公司筹资管理制度》☐《GX 房地产有限公司投资管理制度》的有关规定，在筹资方案的制订中，保证筹资业务公司☐符合 ☐不符合国家政策和法规，对筹资成本☐制订 ☐没有制订相应的应对策略，对筹资方案中的☐筹资规模 ☐用途 ☐种类 ☐潜在风险进行明确并对偿债计划做出安排和说明；在对筹资方案的审核中，☐编制 ☐没有编制可行性研究报告，☐存在 ☐不存在越权审批、违规审批的现象。公司☐有 ☐没有实行集体决策审批或者联签制度。在筹资方案的执行过程中：

☐ 1. 对筹资业务的记录、_____、_____进行妥善保管；

☐ 2. 没有对筹资业务的记录_____、_____进行妥善保管。

公司对☐银行借款 ☐债券 ☐股票 ☐其他借款的风险进行有效的控制，对筹资偿还的☐本金 ☐利率 ☐汇率和币种以及☐期限进行准确的计算并按时支付利息。

总体上来说，除了☐筹资活动记录的真实性 ☐银行借款筹资业务的有效性 ☐筹资方案发生重大变更所覆行的相应审批程序 ☐对重大筹资进行集体决策审批和联签制度等方面外，不存在筹资业务的内部控制风险。

三、投资业务的内部控制执行情况

本报告期☐建立 ☐未建立企业的投资管理制度，投资项目包括☐股票 ☐债券 ☐金融衍生品 ☐房地产，确保了投资的低风险，投资方向☐不符合 ☐符合企业投资战略目标和规划，在投资项目审批环节上，☐有 ☐没有委托专门机构对投资方案进行可行性评估。对投资项目的决策☐执行了 ☐未执行决策审批制度，但对重大投资☐建立 ☐未建立集体决策或者联签制度。☐不存在 ☐存在重大内部控制缺陷。

在投资项目的实施过程中，强调了投资项目记录控制的☐有效性 ☐针对性管理，本报告期☐制订了 ☐没有制订明确的投资实施方案，明确☐出资时间 ☐金额 ☐出资方式 ☐偿还方式以及☐责任人员等内容，并通过签订投资合同明确双方权利义务和违约责任，在财务上指派专人对投资进行☐跟踪管理 ☐目标管理，掌握投资项目的☐财务状况 ☐生产情况 ☐经营状况并进行投资质量分析，对投资项目☐建立 ☐未建立投资台账，在☐投资减值 ☐转让 ☐核销 ☐收回控制有效性上，公司制定了相关制度并严格实施。投资业务的内部控制执行总体上来说：

☐1．不存在重大内部控制缺陷；

☐2．存在重大内部控制缺陷。

四、资金营运的内部控制执行情况

针对本企业以前出现的问题，本报告期内进一步强化了资金营运的内部控制，主要从以下三个方面进行：

（一）在资金收支控制上，从收支控制的有效性着手，针对2015年出现的问题对资金的收支管理制度进一步加以完善，对支出款项的☐用途 ☐金额 ☐预算 ☐限额 ☐核算 ☐审批 ☐支付方式等内容在严格审核原始单据或相关证明后才安排资金支出，没有出现舞弊、欺诈、现金被挪用、贪污等事件，同时，通过资金使用和授权审批工作制度与程序，避免了资金的滥用。

（二）在资金管理控制的有效性上，没有发生违反财务管理制度的事件，现已经实现了通过资金平台提报□年□月□日资金预算计划的制度，明确了各种票据的购买、_____、_____、背书转让、_____等环节的处理程序和备查登记制度，确保在生产经营及其他业务活动中取得的资金收入及时入账。

（三）在不相容职位相分离制度方面，实现了下列职位的相分离：

□1．会计职务与出纳职务分离，出纳人员不兼任稽核、会计档案保管以及收入、支出、费用、债权、债务账目的登记工作；

□2．会计职务与审计职务分离；

□3．支票保管职务与印章保管职务分离；

□4．支票审核职务与支票签发职务分离，支票签发职务由出纳担任，其他会计人员不得兼任；

□5．银行印鉴保管职务、企业财务章保管职务、人名章保管职务分离，不得由一人保管支付款项所需的全部印章。

五、分析结论

□1．根据本部门的内部控制报告，报告期内本部门现有内部控制制度已基本建立健全，能够适应企业管理的要求和企业发展的需要，能够保证内部控制活动评价报告的真实有效性，能够对企业各项业务活动的健康运行和公司内部经营活动的贯彻执行提供保证。内部控制是有效的，不存在内部控制重大缺陷。

□2．现有内部控制制度还不够完善，与公司对本部门的内部控制要求还存在着较大的差距，不能够完全适应企业管理的要求和企业发展的需要，对企业各项业务活动的健康运行和公司内部经营活动的贯彻执行不能起到有效的作用，存在内部控制重大缺陷。

六、存在的问题及原因

报告期本部门在内部控制活动中取得了很大进步，但还是存在着许多不足，主要表现在：

☐ 1. 不相容职务相分离制度没有得到全面的贯彻执行；

☐ 2. 筹资和投资的集体决策和联签制度还没有得到有效落实；

☐ 3. 对筹资业务的记录、合同等的保管制度还没有建立；

☐ 4. 没有建立定期或不定期投资账目的核对、审查工作；

☐ 5. 没有建立资金集中管理制度；

☐ 6. 没有全面实施预算管理制度，资金使用存在盲目性；

☐ 7. 因客观原因没有实施办理资金业务人员的定期岗位轮换制度。

导致这些内部控制活动不足的因素是多方面的，主要表现在：

☐ 1. 企业经营权和所有权未分离；

☐ 2. 时间紧迫导致实施延误；

☐ 3. 部门内部人员认识不足；

☐ 4. 缺乏有效的监督手段；

☐ 5. 内控制度实施不得力。

七、完善资金内控的建议

☐ 1. 科学划分岗位，建立人员分工责任制，做到"事事有人管，人人有专职，办事有标准，工作有检查"；

☐ 2. 进一步完善资金授权批准制度，保证资金审核和审批等环节的岗位职责相分离；

□ 3．制定科学、合理的财务处理程序，在请款、审批、审核、制证、收款记账、付款记账等环节严格按照程序进行处理；

□ 4．加强并严格执行货币资金清查制度，保证货币资金的安全完整；

□ 5．加强资金业务内部控制活动的实施，狠抓落实，首先提升对企业资金内控重要性的认识，树立良好的内控意识，将内控活动作为日常工作的重点来抓；

□ 6．发挥内部审计的监督和评价作用，要安排专门人员来进行有效的内部控制监督。

报告人：

年 月 日

训练案例 2
企业重要资产内部控制评价分析报告

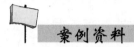
案例资料

A市安泰木制品有限公司是一家木制品出口企业,其"安泰牌"商标是该市著名商标,从2009年建厂到2014年,公司的出口创汇一直位于该市的前列。2013年年销售额达到8 500万元,企业毛利率一直稳定在30%左右。但是,从2014年以后,随着市场的变化和原材料价格上涨等客观因素,年销售收入呈现逐年下降的趋势,而且下降的幅度很大,到2016年年底已经下降到年销售额不到3 000万元,毛利率更是下降到不到20%。成本却大幅上升。面对这种情况,安泰公司聘请台泰会计师事务所对公司的情况进行全面分析,试图通过分析,发现问题并进行解决。

台泰会计师事务所在对该公司进行深入的调研分析后,发现该公司销售收入下降除了市场的变化和原材料价格上涨等原因外,内部管理不善是主要原因,说到底实际上是公司缺乏一个良好的内部控制制度。其中在资产管理上问题尤其严重,表现在该公司的产品成本、费用核算不准确,浪费现象严重,存货的采购、验收入库、利用、保管不规范,固定资产管理混乱,无形资产管理也存在严重的问题。事务所指出了以下几个问题:

1. 在存货管理上,材料的采购由总经理个人掌握,材料到达仓库后,仓库保管员按照实际收到的原材料的数量和品种入库,但无法掌握实际的采购数量和品种，也没有合同等相关资料；财务入账不及时，会计自己估价入账，发票几个月甚至一年后才能收到，发票数量和实际入库数量不一致的，也不进行核对；材料成本不准确，期末仓库保管员自己盘点，盘点的结果和财务核对不一致的，也不去找原因，也不进行处理；材料的领用没有建立相应的领用制度，车间在生产中随领随用，没有计划，多领也不办理退库的手续，生产中的残次料随处可见，浪费严重。

2. 在固定资产管理上，没有固定资产购置计划，随意性很大，也没有对固定资产进行投保，固定资产的验收程序不规范，买来以后登记内容不完整，固定资产大修和审批没有实施不相容职务相分离，固定资产的计提折旧审批流于形式。

3. 在无形资产管理上，没有建立商标管理制度，商标被侵权现象严重，周围有些厂家盗用"安泰"品牌从事非法活动，公司本身没有和关键岗位上的员工签订保密协议。未经授权人员可以随意直接接触核心技术资料，周边很多假冒厂家实际上都是原来的员工离职后所开设。

事务所的审计使得公司管理层如梦方醒，在事务所的帮助下，他们充分认识到了内部控制制度建设的重要性。公司董事长兼总经理召开专门会议，要求从2017年起加大内部控制制度建设的力度，并于2017年年初正式颁布实施了《A市安泰木制品有限公司内部控制管理制度》并要求各部门根据该制度并结合本部门的工作制定具体的部门内部控制制度，特别要求财务部门、仓储部门牵头对公司重要资产进行强化管理。

在事务所的帮助下，财务部门、仓储部门经过一年的努力，对重要资产的内部控制取得了成效。第一，公司先后制定了《物资仓库管理制度》《固定资产验收标准》《固定资产处置审批制度》《商标管理制度》《核心技术保密制度》等一系列制度，资产管理业务流程得以规范，资产管理各关键环节得到了有效控制，存货、固定资产、无形资产管理得到强化。第二，资产的请购、验收、入库、保管、出库、盘点、付款等实物流程及相应的财务流程控制均得到了改善。不相容岗位均做到了相分离，保证了内部控制的有效性。资产流失等风险的概率大大降低，相比2016年，资产管理不善导致的资产"跑冒滴漏"事故从13起下降为2起。生产过程中乱领材料现象得到杜绝，生产成本比2016年下降了24.3%。第三，逐步建立完善授权审批制度，保证相关资产管理职权明确，做到"事事有人负责，人人责任明确"。第四，建立了无形资产内部控制流程，无形资产流失得到有效控制。第五，对企业利润率的贡献度从2016年的6%上升到11.4%，特别是成本的下降直接使企业的毛利率上升了4.2个百分点，达到26.2%。到2017年年底，公司初步扭转了销售下滑的局面，当年实现销售4 500万元，实现利税116万元。第六，资产管理内部控制的建立和完善还对公司仓储、生产、销售等各部门内控制度的有力执行产生了积极影响。

2018年年初，台泰事务所受公司董事会的委托对公司各部门的内部控制执行情况进行检查和评估，事务所重点对公司资产管理内部控制制度设计与实施进行了梳理，并通过工作底稿对梳理的内容和2016年相对照，在此基础上编制了A市安泰木制品有限公司重要资产内部控制评价分析报告，供董事会进行决策时作为参考。下面是事务所列出的重要资产内部控制制度设计与实施对照表的内容。

表3-2　浙江省A市安泰木制品有限公司重要资产内部控制制度设计与实施对照表（评价底稿）

年份：2017年

业务流程		内控关键点	内控执行与实施情况		备注（原因）
			2016年	2017年	
存货管理	物资仓库管理制度的建立与实施	是否建立物资仓库管理岗位责任制，明确内部相关部门和岗位的职责权限，确保不相容岗位相互分离、制约和监督？	已建立	已建立	
		是否规范存货管理流程？	未实施	已实施	
	存货验收及验收的有效性	是否建立了规范的物资验收程序和方法？	未实施	已实施	
		是否规范了《物资验收入库单》的填制内容及核对要求？	未规范	已规范	
		是否对外购货物进行数量复核和质量检验？对直接投入生产或使用的自产存货是否有漏检情况？	未实施	已实施	
		验收不符合要求的外购货物是否按照相关程序办理退货或索赔？自产货物是否有检验不合格的产成品验收入库情况？	已实施	已实施	
	存货保管及保管的有效性	是否建立物资保管制度，并建立存货明细账？	已建立	已建立	
		不同仓库之间流动的存货，是否办理了出入库手续？	未建立	已建立	

续表

业务流程	内控关键点	内控执行与实施情况 2016年	内控执行与实施情况 2017年	备注（原因）
存货管理	存货保管及保管的有效性	是否有存货管理、监督部门及仓储人员外的其他部门和人员接触存货，如有是否经过相关部门特别授权？	存在且未授权	存在且未授权	认识不足
		对存货是否进行定期检查，并核对实际库存数量与存货管理台账是否一致？	未实施	已实施	
		是否建立健全了防火、防洪、防盗、防潮、防病虫害和防变质等管理规范？	未建立	已建立	
		是否对存货的意外损失建立了风险评估机制，并建立了相应的存货投保体系？	未建立	未建立	有麻痹大意心理，同时还有费用考虑
	存货出库管理	对存货发出和领用，是否设置了明确的审批权限？	未设置	已设置	
		存货领用和审批是否做到不相容岗位相互分离？	已实施	已实施	
		仓储部门是否根据经审批的销售（出库）通知单发出货物？	已实施	已实施	
	存货盘点有效性、合规性	是否制定存货盘点清查制度，并在每年年终开展全面盘点清查，对于盘点清查中发现的盘盈、盘亏、毁损、闲置以及需要报废的存货按要求进行处置？	已建立并处理	已建立并处理	

续表

业务流程	内控关键点	内控执行与实施情况		备注（原因）
		2016 年	2017 年	
存货管理	存货盘点有效性、合规性	仓储部门和财务部门是否定期进行存货核对？	未建立	未建立	以年终全面清查盘点替代
		是否考虑企业生产经营计划、市场供求等因素，合理确定存货采购日期和数量，确保存货处于最佳库存状态？	未实施	未实施	缺乏相应技术对最佳库存状态做出估计和核算
固定资产的取得与验收	固定资产取得与验收管理有效性	是否建立固定资产取得、使用验收制度？	已执行	已执行	
		固定资产的采购和验收是否做到不相容职务分离？	未执行	已执行	
		外购固定资产投入使用前是否验收合格？自行建造的固定资产是否验收合格后移交使用部门？	已建立	已建立	
		企业对投资者投入、接受捐赠、债务重组、企业合并、非货币性资产交换、外企业无偿划拨转入以及其他方式取得的固定资产是否办理相应的验收手续？	已执行	已执行	
		经营租赁、借用、代管的固定资产是否有相应记录？	已实施	已实施	

续表

业务流程	内控关键点	内控执行与实施情况 2016年	内控执行与实施情况 2017年	备注（原因）
固定资产使用和维护	会计核算的正确性：是否建立固定资产卡片，且卡片中固定资产来源、验收、使用地点、责任单位和责任人、运转、维修、改造、折旧、盘点等内容？是否完善？	不完善	已完善	
	固定资产折旧范围、折旧方法、折旧年限、净残值率等折旧政策是否符合会计法规？	已执行	已执行	
	是否有随意变更折旧政策的情况？	未执行	已执行	
	固定资产维修、保养合规性：是否建立固定资产维修、保养制度？	已建立	已建立	
	固定资产大修理是否按规定程序报批？	已执行	已执行	
	固定资产大修理申请和审批是否做到不相容职务分离？	未建立	已建立	
	固定资产技术改造是否进行可行性论证，并经审批后实施？	未建立	未建立	由总经理现场审批实施
	固定资产使用的合规性：企业是否制订了年度固定资产技术改造计划或预算制度？	未制订	未制订	认为目前的资产和现状能够满足生产需要，暂时不要实施

续表

业务流程	内控关键点	内控执行与实施情况		备注（原因）
		2016年	2017年	
固定资产使用和维护	固定资产使用的合规性	固定资产投保是否按规定程序审批？	未执行	未执行	公司没有进行固定资产投保
		是否制订了固定资产抵押、质押管理程序和审批权限？	未制定	已制定	
		对接收的抵押资产，企业是否编制了专门的资产目录，合理评估抵押资产的价值？	未制定	已制定	
		相关部门在办理资产抵押时，是否评估了固定资产的实际价值（必要时委托专业中介机构进行鉴定）？	已实施	已实施	
		是否对固定资产定期盘点？盘盈、盘亏是否按规定程序审批后进行账务处理？	已实施	已实施	
		计提固定资产减值准备是否根据规定程序审批？	未实施	未实施	
	固定资产的处置	固定资产处置是否采取集体审批制度？处置价格是否报经企业授权部门或人员审批后确定？	部分执行	部分执行	固定资产处置由总经理决定
		出租出借固定资产是否按规定程序报批并是否签订合同？	已实施	已实施	

续表

业务流程	内控关键点	内控执行与实施情况		备注（原因）
		2016 年	2017 年	
固定资产的处理	固定资产的处置	固定资产处置和出租、出借收入及相关费用是否及时入账？	已实施	已实施	
无形资产业务管理	无形资产验收	是否建立了严格的无形资产交付使用验收制度，明确无形资产的权属关系，及时办理产权登记手续？	未建立	未建立	认识不足
		当无形资产权属关系发生变动时，是否按照规定及时办理了权证转移手续？	未建立	未建立	认识不足
		对于企业自行开发的无形资产，是否由研发部门、无形资产管理部门、使用部门共同填制无形资产移交使用验收单，移交使用部门使用？外购的无形资产，是否取得无形资产所有权的有效证明文件？	未实施	未实施	认识不足
	无形资产使用和维护	是否建立了商标及品牌建设制度？	未实施	已实施	
		企业是否与接触企业商业秘密的员工签订保密协议？	未实施	已建立	
		对技术资料等无形资产的保管及接触是否保有记录，实行责任追究，保证无形资产的安全与完整？	未实施	已实施	

续表

业务流程		内控关键点	内控执行与实施情况		备注（原因）
			2016年	2017年	
无形资产业务管理	无形资产使用和维护	企业是否建立无形资产核心技术保密制度？	未建立	已建立	
		是否严格限制未经授权人员直接接触技术资料？	未建立	已实施	
		企业是否对无形资产的未来收益、经济寿命等内容进行定期评估？	未执行	已执行	
		无形资产的摊销是否符合会计制度？	不符合	已符合	

1. 依据企业内部控制评价分析报告指引中重要资产业务内部活动控制要素评价表，阅读该公司重要资产内部控制制度执行与实施对照表。

2. 根据阅读所得到的相关资料，填制重要资产内部控制评价分析报告（填空和选择），并形成完整的重要资产内部控制评价分析报告。

A市安泰木制品有限公司重要资产内部控制评价分析报告

公司领导及董事会：

为了进一步强化公司内部控制，提高公司的经营效益，台泰会计师事务所根据公司董事会的要求和公司资产管理的实际，就本年度安泰木制品有限公司内部控制制度设计与实施的落实情况制定了工作底稿并进行了深入的调研和分析，形成了公司 2017 年度重要资产内部控制评价分析报告，现就本报告期资产管理的内部控制工作汇报如下。

一、重要资产管理内部控制制度建立情况

随着公司内部控制管理办法的正式颁布实施，公司主要资产管理部门根据资产管理工作的实际情况，建立了相应的大小共＿＿＿（个数）项内部控制制度，其中主要包括：

□1.《A 市安泰木制品有限公司内部控制管理制度》；

□2.《A 市安泰木制品有限公司物资仓库管理制度》；

□3.《A 市安泰木制品有限公司物资保管制度》；

□4.《A 市安泰木制品有限公司固定资产验收标准》；

□5.《A 市安泰木制品有限公司固定资产处置审批制度》；

□6.《A 市安泰木制品有限公司原材料及设备验收管理制度》；

□7.《A 市安泰木制品有限公司商标管理制度》；

□8.《A 市安泰木制品有限公司授权审批管理制度》；

□9.《A 市安泰木制品有限公司保密制度》。

这些内部控制制度的制定和实施基本覆盖了□存货管理 □固定资产管理 □无形资产管理 □仓储管理的全过程，为今后的工作开展打下了坚实的基础，也为强化□存货 □固定资产 □无形资产 □仓储的内部控制提供了依据。

二、重要资产管理的内部控制执行情况

（一）在存货管理方面

公司☐建立☐未建立物资仓库管理岗位责任制，规范了存货管理流程。在物资的验收入库环节，对物资的☐请购 ☐验收 ☐保管 ☐入库 ☐出库 ☐盘点建立了规范的程序和方法，明确了相关部门和人员的职责权限，确保不相容岗位相互分离、制约和监督，确保物资请购的高效、经济，防止了浪费现象和舞弊行为的发生；在存货保管的过程中，严格依照物资仓库管理制度建立☐存货明细账 ☐会计总账 ☐固定资产明细账，对不同仓库之间流动的存货按照规定办理出入库手续，任何☐非存货管理 ☐非监督部门 ☐仓储人员都不得私自接触存货，对存货☐能够 ☐不能够做到定期检查，防止☐账实不符 ☐账账不符现象的发生；在存货的出库管理上，严格按照公司的☐授权审批制度 ☐物资仓库管理岗位责任制的要求，设置了明确的权限并确保☐存货领用和审批 ☐存货领用和保管 ☐存货保管和审批不相容职务相分离，防范领用中的差错和舞弊情况的发生，保证了存货的安全、完整，提高了存货的运营效率；在存货的盘点上，根据物资仓库管理制度的要求，建立了存货盘点清查制度，☐能够 ☐不能够在每年年终对存货开展全面的盘点清查。但因为仓储部门和财务部门对定期存货核对的内部控制工作☐没有 ☐已经有效展开，故：

☐1. 可能导致未能及时查清资产状况做出处理而导致财务信息不准确，资产和利润不实的情况发生，存在着内部控制缺陷；

☐2. 不会导致未能及时查清资产状况做出处理而导致财务信息不准确，资产和利润不实的情况发生，不存在内部控制缺陷。

（二）在固定资产管理上

固定资产购建和验收以降低购建成本、满足企业运营需求为目标，固

定资产的购建和验收做到了不相容职务相分离，☐外购固定资产 ☐自建固定资产在使用前已经办理了验收手续，取得真实、准确、完整的记录，确保了固定资产账实相符。在固定资产的维护和使用上，一是明确了☐会计核算 ☐岗位核算，建立固定资产卡片，卡片的内容涉及固定资产的_____等的基础信息记录。二是在固定资产维修、保管的合规性上，严格按照☐财务管理 ☐资产管理的一般内容和职责，☐建立 ☐未建立固定资产维修保养制度，固定资产的大修的_____做到了不相容职务相分离。三是在固定资产的使用合规性上：

☐1. 保证固定资产处置被合理授权和按规定程序审批；

☐2. 相关部门在办理资产抵押时，没有做到对固定资产实际价值进行评估；

☐3. 固定资产投保按规定程序进行审批；

☐4. 企业制定了年度固定资产技术改造或预算制度；

☐5. 对接收的抵押资产，企业编制了专门的资产目录并合理评估抵押资产的价值；

☐6. 盘盈、盘亏保证按规定程序审批后进行账务处理。

（三）在无形资产管理方面

公司严格企业品牌及商标管理，制定了《_____制度》，加强对公司技术等方面商业秘密的管理，在无形资产的验收上：

☐1. 建立了严格的无形资产交付使用验收制度，明确无形资产的权属关系，及时办理产权登记手续；

☐2. 对于企业自行开发的无形资产，由研发部门、无形资产管理部门、使用部门共同填制了无形资产移交使用验收单，移交使用部门使用；

☐3. 对于外购的无形资产，没有取得无形资产所有权的有效证明文件；

☐ 4. 当无形资产权属关系发生变动时，按照规定及时办理了权证转移手续；

☐ 5. 当无形资产权属关系发生变动时，没有按照规定及时办理权证转移手续；

☐ 6. 公司无形资产的验收安全得到保证，维护了公司的合法权益；

☐ 7. 公司无形资产的验收安全没有得到保证，危害了公司的合法权益。

在无形资产的使用和维护上，与关键人员☐签署了 ☐未签署保密协议，规范了无形资产管理流程，☐授权人员 ☐非授权人员不得直接接触技术资料。对无形资产的未来收益、经济寿命等内容☐进行 ☐定期评估，无形资产的摊销☐符合 ☐不符合会计制度，总体上来说：

☐ 1. 公司无形资产的使用和维护得到保证，维护了公司的合法权益；

☐ 2. 公司无形资产的使用和维护没有得到保证，危害了公司的合法权益。

三、重要资产采购内控建设对企业经营业绩的影响

公司对重要资产实施内部控制促进了企业管理和经济效益的明显提升，主要表现在：

（一）资产管理各环节得到有效控制

资产管理流程的规范性上，资产管理各关键环节得到了有效的控制。存货、固定资产、无形资产管理得到强化，资产的请购、验收、入库、保管、出库、盘点、付款等＿＿＿＿及相应的＿＿＿＿＿均得到了改善；不相容岗位均做到了相分离，逐步建立☐完善授权审批制度 ☐物资仓库管理

制度，保证相关资产管理职权明确，做到"事事有人负责，人人责任明确"；同时，通过建立无形资产内部控制流程，_____流失得到有效控制，保证了内部控制的有效性。

（二）对企业利润的贡献度大大增加

资产管理内部控制制度的实施，极大地促进了企业利润的提升，使对企业利润率的贡献度从2016年的____上升到____，成本下降了____。特别是成本的下降直接使企业的毛利率上升了____个百分点，达到26.2%，当年实现销售____万元，实现利税____万元。

（三）资产管理风险大大降低

资产流失风险的概率大大降低，相比2016年，资产管理不善导致的资产"跑冒滴漏"事故从____起下降为____起；生产过程中乱领材料现象得到杜绝。固定资产的使用、保管、处置更加规范。

（四）资产管理控制完善对企业业务环节的影响

资产管理内部控制的建立和完善促使公司从全过程、全员、全流程的角度去促进内部控制，对公司☐仓储 ☐生产 ☐销售等部门的内控制度的有力执行产生了积极影响。

四、分析结论

根据上述资产管理内部控制的实际情况，我们可以认为：

☐1. 现有资产管理内部控制制度已基本建立健全，能够适应资产管理的要求和企业发展的需要，能够保证公司的健康运行和公司内部经营活动的贯彻执行。资产管理内部控制是有效的，不存在内部控制重大缺陷；

☐2. 现有资产管理内部控制制度还存在着很多空白，内控制度的执行也还存在着一些疏漏，不能够完全适应公司发展的需要，不能够保证公司各项业务的健康运行和公司内部经营活动的贯彻执行。资产管理内部控制基本无效，存在内部控制重大缺陷。

五、存在的问题及原因

报告期公司在重要资产内部控制活动中取得了很大进步，不存在重大内部控制缺陷，但在以下方面还存在着内部控制缺陷，主要表现在：

□1. 存在存货被滥用和舞弊行为的可能；

□2. 没有建立存货的意外损失风险评估机制；

□3. 没有建立相应的存货投保制度；

□4. 可能导致未能及时查清资产状况做出处理而导致财务信息不准确、资产和利润不实的情况发生；

□5. 固定资产技术改造可能会缺乏可行性；

□6. 固定资产技术改造费用超预算导致资金不足；

□7. 固定资产减值计提没有建立审批程序，存在随意性；

□8. 未建立无形资产验收制度，会出现无形资产权属不明确，可能引起纠纷导致企业损失的情况发生；

□9. 未建立无形资产保密制度，会出现无形资产被盗用导致企业损失的情况发生。

导致这些内部控制活动不足的因素是多方面的，主要表现在：

□1. 存在存货管理部门、监督部门及仓储人员外的其他部门和人员没有经过授权接触存货的可能性；

□2. 对用年终全面清查盘点取代仓储部门和财务部门定期进行的存货核对工作，存在认识上的不足；

□3. 固定资产的可行性论证不充分且论证和审批岗位没有实施相分离原则；

□4. 未制订年度固定资产技术改造计划或预算制度；

☐ 5. 在无形资产管理上存在认识上的不足。

六、完善重要资产内控的建议

☐ 1. 进一步强化授权审批制度，避免未经授权人员接触存货的可能性；

☐ 2. 仓储部门和财务部门进行定期或不定期重要资产核对工作，避免用年终盘点取代日常存货核对工作；

☐ 3. 建立固定资产的可行性论证岗位和审批岗位职务相分离制度；

☐ 4. 建立年度固定资产技术改造计划或预算制度，避免由于预算不到位造成浪费；

☐ 5. 加大对内控的监督力度，要指定专门人员来进行有效的内部控制监督；

☐ 6. 克服在无形资产管理上存在的认识不足，提升对企业内控重要性的认识，树立良好的内控意识；

☐ 7. 要严格按照计划要求，严格审核、审批、授权手续，确保重要资产得到有效控制。

报告人：

年　月　日

训练案例 3
企业销售业务内部控制评价分析报告

案例资料

JL 铜业有限公司是一家从事铜带、铜条生产的小型企业,成立于 2010 年,现有员工 302 人,固定资产总额达 2 500 万元。近几年,公司的销售一直较为平稳,连续 4 年销售收入在一亿元上下徘徊。公司似乎进入了一个销售的瓶颈期。2016 年实现销售收入 1.03 亿元,销售毛利率达 21.1%。

作为一家生产铜制品的小型企业,其销售主要是面向 3、4 家大客户和 16 家零散的客户。另外网络营销也已经成为该公司销售业务的重要组成部分,2017 年其电子商务销售占全部销售的近 40%。2017 年以前,由于片面强调提高市场占有率,强调薄利多销,企业的销售毛利率一直保持在 20% 左右的水平,销售回款率只有不到 60%,销售增长率由于受到主客观因素的限制,也只保持在不到 3%,并没有取得理想的效果。2017 年年初,新上任的销售总监姚腾开始改变这一局面,他在经过一段时间的了解后,开始对销售业务采取了一系列新的政策。他首先从强化销售业务的内部控制开始,对销售业务流程的各个环节都建立完备的制度并认真落实实施;其次在强化销售的基础上加强应收款的回收工作,保证了销售业务的平稳和安全;最后,采用多种销售渠道和手段,扩大销售范围和吸引优质客户。结果当年就突破了销售瓶颈,销售收入从 2016 年的 1.03 亿猛增到 1.16 亿,销售毛利率也上升到 23.4%,比 2016 年分别增长 12.4% 和

10.9%。销售回款率也从不到60%上升到94.1%。退货率从2016年的4%降到了2.3%。同时，客户的满意率也得到了提高。不仅如此，在公司的销售流程上，进一步明确了流程的规范性和科学性，销售制度基本完善，销售策略更加清晰，销售计划更加合理，与生产计划更加配套，销售业务的审核审批规范有序，销售成本比2016年下降了3.2个百分点。在重要客户的管理上，销售部对原来的近20家客户都建立了客户档案，并对客户进行了资信评估并分类，对优质客户给予了更多的优惠。在售后服务方面，建立并实施了完整的售后服务流程，制订了售后服务应急方案，保证了售后服务的规范化，受到了客户的普遍好评。

  姚总监认为，这些成绩的取得与强化销售业务的内部控制有关，他也在总经理面前多次强调了这一点。转眼到了2017年年底，总经理要求姚总监客观地写一个销售业务的内部控制评价分析报告，并作为经验在全公司推广。姚总监很高兴，他将2017年度的销售业务内部控制制度建立和实施情况（工作底稿）与2016年进行了一个对比，并在此基础上编制了2017年度销售业务内部控制评价分析报告。他希望能够进一步发现不足，进而完善销售业务的内部控制，为未来的发展打下一个良好的基础。

  表3-3列明了该公司销售部门2016年公司销售业务内部控制的制度建立和执行情况以及2017年销售内部控制的具体执行与实施情况。

表 3-3　JL 铜业有限公司 2017 年度销售部内部控制设计与实施对照表（评价底稿）

部门：销售部　　　　　　　　　　　　　　　　　　　　　　　　　年份：2017 年

业务流程		内控关键点	内部控制执行与实施情况		备注（原因）
			2016 年	2017 年	
重要客户管理	客户评价制度	是否制定客户管理制度，明确对客户准入和客户资信评估的规定？	已建立	已建立	
		是否明确客户准入和客户资信评估部门或岗位的职责、权限？	未实施	未实施	直接由销售总监负责
		客户准入和客户资信评估工作是否执行不相容岗位相分离原则？	未实施	未实施	缺人
	授权批准制度，授权批准方式、程序和相关控制措施	是否明确准入客户的分类原则并实行分类管理？	未实施	已实施	
		对准入客户的评价和调整是否建立严格的授权批准制度？	未实施	未实施	第一年实施，客户还没有进行调整
		是否建立客户信用档案，并根据评价结果定期更新准入客户名册？	已建立	已建立但没有更新	
		是否存在超范围、超权限审批事项？	存在	不存在	由销售总监一人负责
销售策略管理	销售策略管理制度的建立健全	是否建立销售价格管理制度和销售策略管理制度？	未建立	已建立	
		是否明确产品销售价格的定价机制？	未明确	已明确	
		销售策略管理制度是否能够指导实际销售业务活动？	未明确	已明确	
		是否明确产品销售策略制定、选择使用的范围和条件、审批等规定？	未明确	已明确	

续表

业务流程		内控关键点	内部控制执行与实施情况		备注（原因）
			2016年	2017年	
销售策略管理	销售策略的展开	是否开展市场调查，并根据市场变化适时对产品销售价格或销售策略进行合理调整？	未实施	已实施	
		销售价格和销售策略的调整是否能够按照制度规定执行？	未实施	已实施	
		是否建立销售价格流程和销售策略业务流程？	未实施	已实施	
销售计划与预算管理	销售计划制度的建立健全	是否制定销售计划和预算管理制度？	未实施	已实施	
		是否制订销售计划和销售预算管理业务的岗位责任制，明确销售计划和销售预算部门或岗位的职责、权限？	未实施	已实施	
		是否制定销售计划和销售预算管理的业务流程？	未建立	已建立	
		是否明确销售计划和销售预算制定的审批规定？	未实施	未实施	
	销售计划与预算的实施	销售计划和预算管理制度是否能够指导实际销售计划和销售预算管理业务活动？	存在缺陷	能够	
		销售计划和销售预算的编制、审批等不相容岗位是否相互分离？	未实施	未实施	全部由销售总监负责
		年度销售计划和预算是否经总经理办公会集体决策？	已实施	已实施	
		对制订销售计划和预算调整的审批是否适当授权？	已实施	已实施	

续表

业务流程	内控关键点	内部控制执行与实施情况 2016年	内部控制执行与实施情况 2017年	备注（原因）
销售合同管理 / 销售合同制度的建立健全	是否制定销售合同管理制度？对销售合同业务办理、审批是否建立适当的授权制度？	已建立	已建立且实施	
	是否建立销售合同管理业务的岗位责任制，明确有关部门和岗位的职责、权限？	未实施	已实施	
	是否制定销售合同办理流程，明确销售合同各环节的控制要求？	未实施	部分实施	销售合同各环节控制没有实施
销售合同的具体执行	销售合同管理制度是否能够指导实际销售合同管理业务活动？	不能	基本能够	
	销售合同的起草、审核审查、审批等不相容岗位是否相互分离？	未实施	未实施	由销售总监一人负责
	有无未经授权或越权订立销售合同行为？	出现	未出现	
	重大的或重要的销售业务谈判是否形成完整的谈判书面记录？	未实施	未实施	认识不足
	重大的或重要的销售业务合同签订前是否能够征询法律顾问或专家的意见？	已建立	已实施	
	是否设置销售合同评审表？	未设置	未设置	存在疏忽，认识不足
	审批环节负责人员是否如实填写意见并能够及时办理并传递？	未处理	未处理	认识不足

续表

业务流程		内控关键点	内部控制执行与实施情况		备注（原因）
			2016 年	2017 年	
销售发货管理	销售通知的开具、审核，发货的合规性	销售发货管理制度是否已建立？	已建立	已建立	
		是否设置合适的《销售通知单》等作为销售部门与存货管理部门、财务部门、保卫部门传递销售信息的书面证明？	未设置	已设置	
		销售部门或人员是否能够按照生效的销售合同准确开具相关销售通知？	未实施	已实施	
		发货和仓储部门与人员是否能够对销售通知进行合理审核？	未实施	已实施	
		发货和仓储部门与人员是否能够严格按照所列项目组织发货？	未实施	已实施	
		是否建立保卫部门人员审核岗位责任制，并配备合适的保卫人员？	未建立	已建立	
		保卫人员是否能够认真核对销售通知与实际运输的销售货物后才放行？	未实施	已实施	
销售退回管理	制度建设	是否建立销售退回管理制度？	未建立	已建立	
		是否建立销售退回业务的岗位责任制，明确有关部门和岗位的职责、权限？	未建立	已建立	

续表

业务流程		内控关键点	内部控制执行与实施情况		备注（原因）
			2016年	2017年	
销售退回管理	制度建设	销售退回管理制度是否能够指导实际销售退回管理业务活动？	未建立	已建立并能够	
		办理销售退回业务的经办、审批、验收、保管等不相容岗位是否相互分离？	未实施	未实施	人手不足，认识不够
		是否能够对销售退回原因进行详细分析，总结经验教训，并及时妥善处理销售退回业务？	不能够	能够	
		对产生法律纠纷的销售退回，是否能够积极应对？	能够	能够	
销售发票管理	销售发票的合规性	是否建立销售发票管理制度，并对发票的保管、使用、传递、作废重新开具做出明确规定？	已建立但没有严格执行	已建立且严格执行	财务部门实施
		是否建立发票管理业务岗位责任制？	未建立	未建立	由财务部门统一进行管理
		对开错的发票是否按照规定采取正确措施进行处理？	已采取	已采取	
		发票开具人员是否能够严格核对销售通知、销售合同及发货证明等？	已建立	已建立	

续表

业务流程		内控关键点	内部控制执行与实施情况		备注（原因）
			2016年	2017年	
售后服务管理	售后服务管理	是否建立客户服务制度，并适时对客户服务制度进行完善？	已建立但不完善	已完善	
		是否开展客户服务和跟踪活动？	未执行	已执行	
		是否不断改进产品质量和服务水平，提升客户满意度和忠诚度？	未执行	已执行	
		是否能够准确收集客户反馈的信息，正确受理客户的投诉和处理客户的退货、换货、产品维修业务？	未执行	已执行	
		是否制订售后服务工作流程，指导售后服务工作的开展？	未制定	已制定	
		是否制订售后服务应急方案？	未制订	已制订	
应收款管理	制度建设	是否建立合理的信用政策，明确赊销业务的批准范围、权限？	未建立	已建立	
		是否制定应收款项管理岗位责任制以及应收款项管理制度？	未制定	已制定	
		是否建立应收款项内部管理报告制度和管理考核机制？	未建立	已建立	

续表

业务流程		内控关键点	内部控制执行与实施情况		备注（原因）
			2016年	2017年	
应收款管理	制度的落实与实施	办理应收款项管理的确认、催收、记录等不相容岗位是否相互分离？	未设置	已设置	
		销售人员和会计人员是否每月检查、核对应收账款情况，对应收账款进行账龄或因素分析，并编制会计报表和提交分析说明？	未设置	已设置	
		销售人员和会计人员是否建立并认真登记应收账款台账？	已建立但执行不到位	已建立且执行到位	
应收票据管理	应收票据的合规性	是否制定商业票据管理制度，明确商业票据的取得、贴现和背书等规定？	已制定	已制定	
		是否建立商业票据管理台账，并定期检查和报告商业票据持有、使用情况？	已建立但基本不检查	已建立且定期检查和报告	
		接受商业票据结算是否进行适当授权管理？	未进行	已进行	
销售会计管理	销售会计核算的合规性	是否制定财务管理制度和会计核算制度，明确对销售、发货、收款业务及时进行会计监督和准确的会计核算？	已制定	已制定并严格进行核算	
		进行会计处理时是否能够认真审核销售合同、销售通知、发运凭证、销售发票等？	已执行	已执行	

续表

业务流程		内控关键点	内部控制执行与实施情况		备注（原因）
			2016年	2017年	
销售会计管理	销售会计核算的合规性	是否建立了存货定期盘点制度并定期组织相关部门实施存货盘点？	未执行	未执行	一般每年盘点一次，缺人，认识不足
		是否制定应收款项坏账的管理制度并对坏账处理进行适当授权管理？	未执行	未执行	销售总监全权负责
		是否明确规定对无法收回的应收款项要认真查明原因，并按照规定进行处理？	未执行	已执行	
		对无法收回的应收款项进行坏账处理是否按业务流程规定履行严格的审批程序？	未执行	未执行	销售总监全权负责

训练要求

1. 依据企业内部控制评价分析报告指引中销售业务内部活动控制要素评价表，阅读该公司销售业务内部控制制度设计与实施对照表（评价底稿）。

2. 根据阅读所得到的相关资料，填制下列销售业务内部控制评价分析报告（填空和选择），并形成完整的销售业务企业内部控制评价分析报告。

JL 铜业有限公司销售业务内部控制评价分析报告

公司领导与董事会：

2017 年，根据本公司销售业务的实际情况，☐销售部 ☐采购部 ☐财务部通过建立有效的销售业务内部控制流程，加强了对销售业务的统一管理，为公司销售业务的提升起到了很好的作用，取得了较好的成效，现将本年度销售部门内部控制工作的主要成果和内容汇报如下。

一、销售业务各项内部控制制度建立情况

随着市场竞争的日益激烈和铜制品市场的变化，为强化销售业务的内部控制，本报告期内我们先后建立了大小共_____（个数）项内部控制制度，其中主要包括：

☐ 1.《JL 铜业有限公司客户管理制度》；

☐ 2.《JL 铜业有限公司销售价格管理制度》；

☐ 3.《JL 铜业有限公司销售策略管理制度》；

☐ 4.《2017 年 JL 铜业有限公司销售计划》；

☐ 5.《JL 铜业有限公司销售合同管理制度》；

☐ 6.《JL 铜业有限公司销售预算管理制度》；

☐ 7.《JL 铜业有限公司销售发货管理制度》；

☐ 8.《JL 铜业有限公司销售退回管理制度》；

☐ 9.《JL 铜业有限公司售后服务制度》；

☐ 10.《JL 铜业有限公司销售发票管理制度》；

☐ 11.《JL铜业有限公司库存管理制度》。

这些内部控制制度的制定和实施基本覆盖了☐销售业务 ☐库存管理 ☐采购业务的全过程，为_____今后工作的开展打下了坚实的基础，也为强化_____的内部控制提供了依据。

二、销售内部控制的实施与执行情况

（一）在重要客户管理方面

☐建立了 ☐未建立客户评价制度，对客户☐进行了 ☐未进行信用评估，对不同的客户☐进行了 ☐未进行分类管理。对客户的资信评价工作☐执行 ☐未执行不相容岗位分离原则，对客户的评价和调整☐建立了 ☐未建立严格的授权批准制度，对超范围、超权限审批☐存在 ☐不存在明显的缺陷，信用管理☐基本到位 ☐存在缺陷。

（二）在销售策略管理方面

销售价格管理制度和策略管理制度☐能够 ☐不能够指导实际销售策略管理活动，其流程☐已建立 ☐未建立，☐存在 ☐不存在市场预测不准确，销售渠道管理不当导致库存积压、经营难以为继的情况发生。

（三）在销售计划与预算管理方面

☐能够 ☐不能够根据市场情况和往年的销售情况制定销售计划，☐建立了 ☐未建立相关负责人审批制度，☐建立了 ☐未建立销售计划和预算管理的业务流程，对销售计划和销售预算管理☐建立了 ☐未建立岗位责任制，销售计划和预算管理☐能够 ☐不能够对实际销售计划和预算管理活动起到应有的效果。

（四）在销售合同管理方面

对销售合同业务办理、审批☐建立 ☐未建立授权审批制度并严格实施。□明确 □未明确有关部门的职责和权限。对销售合同办理的流程□实施了 □未实施有效的控制,对销售合同的各环节□实施了 □未实施有效控制。

在销售合同的具体执行上,现行的合同管理制度□能够 □不能够有效的指导各项合同业务活动;在销售合同的起草、审核、审批等环节,不相容职务相分离原则□能够 □不能够有效实施,销售业务谈判记录□形成了 □没有形成完整的书面记录,也□设置了 □未设置销售合同评审表,总体上看,□存在 □不存在内部控制缺陷。

(五) 在销售发货管理方面

根据销售发货管理制度,□设置 □未设置合适的_____作为与存货管理部门、财务部门、保卫部门传递销售信息的书面证明。□发货、□仓储、□保卫 □销售等部门和人员□能够 □不能够严格按照_____的要求对销售进行合理的审核和发货,□发货 □仓储 □保卫 □销售等部门和人员□能够 □不能够认真核对_____与实际运输的销售货物相符后才放行。这个环节□不存在 □存在内部控制缺陷。

(六) 在销售退换货管理方面

首先□建立了 □未建立销售退换货岗位责任制,□明确 □未明确相关部门和岗位的职责和权限,该制度□能够 □不能够有效的指导实际退换货业务活动,□能够 □不能够对退换货的原因进行分析并及时妥善的处理相关业务,但由于办理销售退回业务的统办、审批、验收、保管等不相容岗位□相互分离 □不相互分离。□不存在 □存在内部控制缺陷。

(七) 在销售发票管理方面

和_____部门一起,□明确 □未明确销售发票的管理、使用、传递,并□按照 □未按照财务制度正确地进行相关财务处理,对发票开具的人员□实施 □未实施严格的核对手续，□保证 □未保证_____、销售合同和_____的一致性。

（八）在售后服务方面

完善了客户服务制度，□未执行 □已执行对客户的跟踪服务，□制定了 □未制定售后服务工作流程，

□1. 起到了指导售后服务工作的作用。

□2. 没有起到指导售后服务工作的作用。

根据公司的实际，我们□建立了 □未建立售后服务应急方案，

□1. 避免了由于售后服务处理不当导致公司利益受损的情况的发生。

□2. 有可能导致由于售后服务处理不当导致公司利益受损的情况的发生。

（九）在应收款管理和应收票据管理方面

在应收账款的管理上，□制定了 □未制定合理的_____政策和_____管理制度，□明确了 □未明确赊销业务的范围和权限，□明确了 □未明确相关的考核机制和报告制度，对办理应收款项管理的□确认 □催收 □记录 □核算等不相容岗位进行了分离，销售人员和会计人员对应收账款情况□每月 □每季 □每年进行检查、核对，对应收账款进行_____或_____分析，并编制计报表和提交分析说明。□有 □没有对应收账款□进行了 □没有进行台账登记。

在应收票据的管理上，明确_____的取得、贴现和背书等规定，对_____台账进行定期检查和报告_____持有、使用情况。对_____□进行 □未进行授权管理。

（十）在销售会计管理方面

与□财务部门 □仓储部门 □生产部门一起，明确了对销售、发货、收款业务及时进行_____和准确的_____。在进行会计处理时能够认真审核销售合同、销售通知、_____和_____。对确认无法收回的应收账款□能够 □不能够查明原因并及时处理，□执行 □未执行存货定期盘点制度，对坏账：

□1. 按照业务流程规定履行严格的审批程序。
□2. 未按照业务流程规定履行严格审批程序。
□存在 □不存在内部控制缺陷。

三、销售内控建设对企业经营业绩的影响

销售部门的内部控制建设促进了企业销售业绩的提升，主要表现在：

在销售财务指标上，销售收入达到_____元，销售毛利率达到_____。销售回款率上升到_____。退货率降到了_____%。同时，客户的满意率也得到了提高。在销售流程上，进一步明确了流程的□规范性 □科学性 □合理性，销售制度基本完善，_____更加清晰，_____更加合理、更加与生产计划相配套，销售业务的审核审批规范有序，销售成本比2016年下降了____个百分点。在重要客户的管理上，销售部对原来的近_____家客户都建立了客户档案，并对客户进行了_____，对优质客户给予了更多的优惠。在售后服务方面，建立并实施了完整的_____，制订了售后服务应急方案，保证了售后服务的规范化，受到了客户的普遍好评。不仅如此，销售内控的完善还对企业□生产 □仓储 □财务 □保卫等部门的内控制度完善产生了积极的影响。

四、分析结论

根据上述销售业务内部控制报告，报告期内本部门：

☐ 1. 现有销售业务内部控制制度已基本建立健全，能够适应销售业务的要求和企业发展的需要，能够保证销售业务的健康运行和公司内部经营活动的贯彻执行。销售业务内部控制是有效的，不存在内部控制重大缺陷。

☐ 2. 现有销售业务内部控制制度还存在着很多空白，内控制度的执行也还存在着一些重大的疏漏，不能够完全适应销售业务的要求和企业发展的需要，不能够保证销售业务的健康运行和公司内部经营活动的贯彻执行。销售业务内部控制基本无效，存在内部控制重大缺陷。

五、存在的问题及原因

报告期本部门在内部控制活动中取得了很大的进步，但还是存在着许多的不足，主要表现在：

☐ 1. 不相容职务相分离制度没有得到全面的贯彻执行，销售合同的起草审核审批、客户的准入和资信评估、销售计划和预算的编制与审核等职务没有相分离；

☐ 2. 存在着超范围、超权限审批的事项；

☐ 3. 没有建立销售预算管理制度；

☐ 4. 没有明确销售计划和预算制定的审批制度；

☐ 5. 销售合同各环节的控制没有得到有效的执行；

☐ 6. 销售谈判的书面记录不完整；

☐ 7. 未设置销售合同评审表；

☐ 8. 未执行存货定期盘点制度并定期组织相关部门实施存货盘点；

☐ 9. 对无法收回的应收款项没有按业务流程规定履行严格的审批

程序；

☐ 10．销售合同审批人员不能够如实填写意见并及时处理和传递。

导致这些内部控制活动不足的因素是多方面的，主要表现在：

☐ 1．时间紧迫导致实施延误；

☐ 2．部门内部人员认识不足；

☐ 3．缺乏有效的监督手段；

☐ 4．内控制度实施不得力；

☐ 5．对内部控制制度理解不到位。

六、完善销售内控的建议

☐ 1．提高对内部控制工作重要性的认识。要让全体公司员工充分认识到内部控制绝不是对员工的"管、卡、压"，而是企业强化管理、提高经济效益的强有力手段，对企业规范化、科学化的运行将起到良好的促进作用，有助于企业长期稳定的发展。

☐ 2．进一步完善各项内部控制制度。在现有制度的基础上，对现有的制度进行完善和修改，加强各项制度在现实工作中的可实施性，为销售业务活动管理水平的提升提供更好的制度依据。

☐ 3．加强销售业务内部控制活动的实施，狠抓落实。首先要树立良好的内控意识，将内控活动作为日常工作的重点来抓；其次要加大对内控的监督力度，要指定专门的部门和人员来进行有效的内部控制监督；最后，要严格按照计划要求，保证销售业务流程各个环节内部控制的有效性，确保销售业务在正常的环境下有效实施。

报告人：

年　月　日

训练案例 4
企业成本费用内部控制评价分析报告

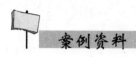

XF汽车配件有限公司是一家生产汽车制动器的中小型企业,主要为小型轿车、轻卡、重卡等车辆提供盘式和鼓式制动器,原材料品种规格、型号繁多,技术要求复杂。公司在2016年前成本费用一直居高不下,公司领导在进行慎重调研和讨论后,从2016年开始推行目标成本管理制度。实施一年后,公司发现,尽管实施了目标成本管理制度,但是,由于广大员工认识上、执行力上存在的问题,并没有达成公司预期的目标。究其原因,还在于公司没有建立严密的内部控制制度,没有从内部控制制度入手,对目标成本管理的规范性、合规性进行有效的监督和落实。于是,从2017年开始,公司开始从内部控制制度入手,力求使目标成本管理更加规范、有效和准确。下面是该公司成本费用内部控制的相关资料。

资料一:公司财务部门对2017年度成本费用内部控制制度落实情况的工作底稿所进行的汇总以及与2016年内部控制制度的对比。

表 3-4　XF 汽车配件公司成本费用内部控制制度设计与实施对照表（评价底稿）

业务流程		内控关键点	内部控制执行与实施情况		备注（原因）
			2016 年	2017 年	
成本费用预算和计划编制	成本费用的预算	是否建立了成本费用预算管理制度？	未进行	已进行	
		是否按时提交成本费用预算方案？	未实施	已实施	
		财务部门是否对各种预算方案汇总并进行分析比较？	未实施	已实施	
		成本费用的预算范围是否涉及所有部门和所有费用？	未实施	已实施	
		在进行成本预算时是否指出降低成本的途径和措施？	未执行	未执行	缺乏专业技能
		是否具有专人或部门对成本费用预算实施监督？	未执行	已执行	
	成本费用的计划编制	是否对成本费用计划编制实行授权审批制度？	未执行	已执行	
		各部门是否按时提交成本费用计划？	未提交	已执行	
		是否对成本费用方案修正优化后确定正式成本费用方案？	未实施	已实施	
		当成本费用计划变更时是否经相关部门审核和批准？	未实施	已实施	

续表

业务流程		内控关键点	内部控制执行与实施情况		备注（原因）
			2016年	2017年	
成本费用控制	成本费用控制标准	成本费用控制标准是否科学、先进、合理？	已建立	已建立	
		成本费用的定额的制定和修改是否经有关部门审核和批准？	未实施	未实施	没有明确具体的审核和批准人员
	成本费用的全过程控制	成本费用保管、成本会计记账、生产管理、材料物资和产品检验等不相容职务是否相分离？	未实施	已实施	
		成本费用原始记录是否建立健全，以及有没有传递、报送和审核制度？	未建立	已建立	
		成本费用是否形成全部门、全员控制？	已建立	已建立	
		成本费用控制是否建立健全物资的计算、收发、领用、退还和盘点制度？	已建立	已实施	
		各部门是否对成本费用的实施进行计划的分解和落实工作？	未进行	已进行	
		成本费用管理是否按照成本核算和管理的基本制度执行？	未执行	已执行	
		是否设立成本费用督查制度？	未执行	已执行	

续表

业务流程		内控关键点	内部控制执行与实施情况		备注（原因）
			2016年	2017年	
成本分析和核算	成本分析和核算	是否建立成本费用核算制度？	已建立	已建立	
		是否利用目标成本费用与实际成本费用差异进行分析并查找差异原因？	未执行	已执行	
		相关成本费用控制部门是否定期或者不定期召开成本控制分析会议？	未执行	未执行	缺乏认识
		成本费用的汇总是否按期归集？	未按期进行	未严格执行	由于认识、日常工作等多种因素的影响，归集滞后
		财务部门是否定期及时编制相关成本费用表并报公司高层审核？	未建立	已建立	
		成本费用监督机制是否建立健全并定期或者不定期进行审计检查？	未执行	已执行	

资料二：公司成本费用内部控制具体组织实施情况。

在职责分工的控制方面，XF汽车配件有限公司明确规定，公司总经理为公司目标成本管理的第一责任人，分管成本管理工作的副总经理为公司成本管理分管责任人。公司将财务部作为成本费用管理的主办部门，总经理办公室、生产车间、技术研发部、人力资源部、财务会计部、市场销售部、采购供应部为协办部门。相应地，车间主任、部门经理是责任成本管理的第一责任人,总经理是成本费用管理领导小组组长,其他领导和相关部门负责人为小组成员。在授权批准的控制方面,XF 汽车配件有限公司主要通过"产品成本逐级优化"(从公司到车间再到产品)的过程管理来严格控制授权批准制度,其执行力度大,能较好地通过上级严格控制额度、下级认真执行的形式来达到控制成本费用的目标。在产品层面,新丰汽车配件有限公司根据产品的特点,在产品生产过程的各个阶段以及各个部门分设了各部门的审批范围、层次和权限等,但授权批准的执行力有待改进。

资料三:成本费用控制成效。

经过一年的内部控制,成本费用管理得到显著增强。下表为 2016 年、2017 年利润及成本费用对照表,从中可以看出,成本费用总额大幅下降是 XF 公司企业经济效益得到提高的主要原因。

表 3-5　利润及成本费用对照表

单位:万元

项目	2016 年	2017 年
利润总额	1 810	1 800
销售成本	3 500	3 400
期间费用	1 600	820
成本费用总额	5 100	4 220
成本费用利润率	35.49%	42.5%
目标成本节约额	86	103
目标成本节约率	2.05%	2.9%
可比产品成本实际降低额	93.4	122.6
可比产品成本实际降低率	8.75%	9.27%

1. 依据企业内部控制评价分析报告指引中成本费用内部活动控制要素评价表，阅读该公司成本费用内部控制制度设计与实施对照表（评价底稿）。

2. 根据阅读所得到的相关资料，填制下列成本费用内部控制评价分析报告（填空和选择），并形成完整的企业成本费用内部控制评价分析报告。

新丰汽车配件有限公司企业成本费用内部控制评价分析报告

公司领导与董事会：

本公司自2016年实施成本费用内部控制以来，经过一年的努力，成本费用控制的有效性□有了明显的改善 □保持了原有的状态 □比前期有了明显的下降，成本费用比2016年有了明显的□下降 □上升。成本费用内部控制制度也得到了建立和健全，岗位分工和授权审批职责□明确 □不清，成本费用的预算控制、执行控制、费用核算、分析和考核都得到了□加强 □削弱，□基本实现了 □没有实现成本费用生产经营全过程管理。

一、成本费用内部控制的执行情况

（一）岗位职责控制及执行

公司明确了☑总经理 ☑副总经理 ☑财务部经理 ☑各部门主管经理为公司目标成本管理的第一责任人，

☐1. 明确了各部门成本费用核算人员的职责权限；

☐2. 各部门成本费用核算人员的职责权限界定不清晰。

☑能够 ☑不能够定期和不定期地对成本费用相关岗位及人员设置、成本费用授权批准制度的执行情况、成本的开支范围和成本费用的核算方法进行检查。成本费用内部控制的不相容岗位包括：

☐1. 授权批准产品生产计划与具体执行计划人员的职务相分离；

☐2. 保管、成本会计记账、生产管理人员、材料物资和产品检验人员的职务相分离；

☐3. 成本费用预算与实施人员的职务相分离；

☐4. 成本费用核算与过程控制人员的职务相分离。

成本费用内部控制☐组织管理严密 ☐组织管理存在漏洞，☑存在 ☑不存在成本费用内部控制风险。

（二）授权审批体系

☐1. 明确了被授权者在履行权利时负责的具体内容，避免了授权责任不清情况的发生；规定了不同类别的成本费用审批程序，没有出现越级审批、违规审批的情况。

☐2. 被授权者授权责任不清；缺乏对不同类别的成本费用审批程序，出现越级审批、违规审批的情况。

（三）成本费用预算和计划编制

公司☑建立了 ☑未建立成本费用预算制度，各部门☑能够 ☑不能够

及时提交成本费用预算方案,

  ☐1. 财务部能够根据各部门提交的预算方案汇总并进行分析比较;

  ☐2. 财务部对各部门提交的预算方案汇总缺乏分析比较。

  成本费用预算方案☐能够 ☐不能够进行授权审批并得到有效实施和监督,☐不存在 ☐存在成本费用预算宽余所带来的相应风险,☐保证了 ☐不能保证预算宽余的合理性和程度。

(四) 成本费用控制

  公司成本费用控制标准严格按照目标成本管理的规定以及相关成本核算方法制定,其标准_____、_____、_____。成本费用控制全过程☐规范、严格 ☐缺乏有效的控制,

  ☐1. 各部门对成本费用实施的分解和落实工作到位;

  ☐2. 各部门对成本费用实施的分解和落实工作不到位。

  成本费用管理各部门☐按照 ☐未按照成本核算和管理的基本制度执行,成本费用内部控制的☐督查制度 ☐检查制度 ☐核查制度已经实施。财务部门及相关部门对成本费用_____的制定和修改☐进行了 ☐未进行审核和批准。

  ☐存在 ☐不存在一定的成本费用控制风险。

(五) 成本分析和核算

  公司☐建立了 ☐未建立成本费用核算制度并☐保证 ☐不能够保证该制度的严格执行,☐能够 ☐不能够利用目标成本费用与实际成本费用差异进行分析并查找差异原因,财务部门☐能够 ☐不能够定期及时编制相关成本费用表并报公司高层审核。对成本费用的汇总和核算☐能够 ☐不能够按期归集。☐成本费用监督机制 ☐成本费用督查机制 ☐成本费用检查机制健全并☐能够 ☐不能够定期或者不定期进行审计。但总体上看,成本分析和

核算：

　　□ 1. 存在着重大的内部控制缺陷；

　　□ 2. 不存在的重大内部控制缺陷。

二、成本费用内部控制对企业经营业绩的影响

　　成本费用内部控制对于企业经营业绩产生了□积极 □不利影响，本报告期在成本费用内部控制流程上，成本费用的岗位职责相分离原则和授权审批原则都□得到了 □没有得到有效的实施，成本预算与计划编制、成本费用控制、成本费用核算和成本费用考核等成本费用管理主要环节都□得到了 □没有得到有效控制。在企业经营业绩方面，成本费用总额从2016年的_____万元下降到_____万元，成本费用利润率从2016年的_____下降到2017年的_____；实现目标成本节约额为_____万元，目标成本节约率由2016年的_____上升到2017年的_____；可比产品成本实际降低额为_____万元，可比产品成本实际降低率由2016年的_____下降到2017年的_____。在成本费用的管理有效性上，通过成本费用的内部控制，

　　□ 1. 其有效性也得到了加强；

　　□ 2. 其有效性有所弱化。

三、分析结论

　　□ 1. 根据上述成本费用内部控制报告，报告期内成本费用内部控制制度已基本建立健全，能够适应目标管理的要求和企业发展的需要，能够对企业成本费用的节约和公司经营业绩的提升起到积极影响，为企业生产的正常运行提供保证。成本费用内部控制是有效的，不存在内部控制缺陷。

☐ 2. 根据上述成本费用内部控制报告，报告期内成本费用内部控制制度还未完全建立健全，不能有效满足目标管理的要求和企业发展的需要，对企业成本费用的节约和公司经营业绩的提升不能起到积极影响，不能够为企业生产的正常运行提供保证。成本费用内部控制是无效的，存在内部控制缺陷。

四、成本费用内部控制存在的问题

本公司的内部控制虽然取得了很大成绩，但是应该看到，成本费用内部控制还存在着很多问题，亟待我们在今后的工作中加以解决。这些问题主要表现在：

☐ 1. 在进行成本预算时未能指出降低成本的途径和措施；

☐ 2. 相关成本费用控制部门不能定期召开成本控制分析会议来进行成本费用分析；

☐ 3. 成本费用的汇总不能及时有效地按期归集，拖拉现象严重；

☐ 4. 成本费用不相容职位相分离原则不能得到有效贯彻；

☐ 5. 成本费用的定额制定和修改未经有关部门的审核和批准；

☐ 6. 成本费用授权审批原则执行力不够。

究其原因，主要是：

☐ 1. 对成本费用内部控制的认识不够，认为只要进行了目标成本管理，内部控制可有可无；

☐ 2. 相关成本费用预算人员专业水平不足，不能指出降低成本的途径和办法；

☐ 3. 成本费用定额没有明确具体的审核和批准人员；

☐ 4. 成本费用内部控制制度建设存在缺陷。

五、进一步强化成本费用内部控制的建议

☐ 1. 进一步明确成本费用内部控制各部门及监督检查机构或人员的职责权限，定期或不定期地对成本费用相关岗位及人员设置、成本费用授权批准制度的执行情况、成本的开支范围和成本费用的核算方法进行检查，保证相关岗位职责明确、相互分离、相互制约、相互监督。

☐ 2. 完善授权审批体系。应根据成本费用的重要性和金额大小确定不同的授权批准层次，从而保证各管理层有权亦有责；特别是对成本费用定额管理，应明确具体的审批和批准人员，避免授权责任不清的情况发生。

☐ 3. 实行全面预算管理。公司财务部门应做好成本费用预算的总体汇总和平衡，追踪预算编制、控制、修正、分析和考评等执行过程。

☐ 4. 加强成本费用内部控制活动的实施，狠抓落实。首先提升对成本费用内控重要性的认识，树立良好的成本费用内控意识，将内控活动作为日常工作的重点来抓；其次要加大对内控的监督力度，要指定专门人员来进行有效的成本费用内部控制监督；最后，要严格按照计划要求，严格审核、审批、授权手续，确保成本费用目标管理的有效实施。

报告人：

年　月　日

训练案例 5

企业担保业务内部控制评价分析报告

 案例资料

江苏省北诚公司成立于 2001 年,是一家环保设备制造和服务商,公司由三位股东集资 1 000 万元组成。公司成立了董事会,由这三位股东共同组成,公司董事长兼总经理周在诚投资份额为 600 万元,占全部股份的 60%,其他两位股东张某和王某分别担任公司的副总经理,各出资 200 万元,各占股份的 20%。公司 2014 年销售和服务收入达到近 300 万元,利润率达到 35%。

周在诚原来在一家环保上市公司从事财务管理工作,曾担任该公司的财务副总。公司成立后,他将上市公司的一套财务管理制度经过必要的修改和删节,在北诚公司内部严格实行,特别是在内部控制上,他自己亲自动手制定了公司的内部控制制度。为此,他没少和另外两位股东发生争执,张某和王某觉得周在诚是在借加强内部控制为由打击和排挤他们,作为一家小的公司,完全没有必要建立内部控制制度。

2014 年 6 月,王某的朋友江苏新嘉电机设备公司总经理陈林海通过王某找到周在诚,希望北诚公司为其公司提供 300 万元的担保,期限为三个月。周在诚表示,即使是私人朋友,也要严格按照公司的管理制度来进行处理。因此,他将这事交给了财务部门,要求他们按照有关制度执行。财务部门在接到总经理的指示后,按照公司的担保业务内部控制的规定具体实施了下列内部控制,具体流程如下:

1. 2014年6月28日,担保业务由财务部门专门从事处理担保业务的副经理具体实施。

2. 7月12日,财务部将该担保业务交由董事会讨论。

3. 董事会经研究决定要求江苏新嘉电机设备公司以房地产和土地使用权作为反担保,新嘉公司表示同意。

4. 7月22日,双方达成担保意向后,由财务部副经理负责拟订和审核担保合同。

5. 7月25日,公司在担保合同中明确要求江苏新嘉公司定期提供财务报告与有关资料,并及时报告担保事项的实施情况。

6. 7月28日,双方正式签订了担保合同。

7. 7月30日,由于新嘉公司的总经理陈林海为副总王某的私人朋友,故经公司董事会同意,由王某定期检查新嘉公司的经营情况和财务状况并对新嘉公司进行跟踪和监督。

8. 8月30日,合同签署一个月以后,王某发现新嘉公司用于抵押的房地产在抵押前已经用于出租,新嘉公司也未将反担保事项告诉出租人。

9. 由于该地的房地产市场低迷,作为抵押物的房地产价格已经比签署合同前下跌了30%,而且新嘉公司经营状况恶化,资金周转困难,但王某因为与陈林海是私人朋友,故没有进行任何监控和管理。

10. 9月29日,公司财务部副经理在新嘉公司出现上述情况一个月后向董事长和总经理汇报。

11. 9月30日,董事长在接到异常情况报告后,立即召开董事会研究对策并实施,以化解担保风险。

董事会过后,周在诚感到很疑惑,为什么公司建立了这么严密的担保业务内部控制制度,还是出现了这些问题?他要求财务部门针对这一事件,撰写一份公司的内部控制评价分析报告,他要看看问题究竟出在哪里？如何更有效的防范该类事情的发生？

根据阅读指引中关于担保业务内部控制要素评价表的相关信息阅读所得到的相关资料，填制下列担保业务内部控制评价分析报告（判断），并形成完整的企业担保内部控制评价分析报告。

江苏省北诚公司销售业务内部控制

公司领导与董事会：

根据公司董事会和总经理的要求，结合本次担保业务内部控制的实际，为了进一步理清本公司的担保业务内部控制的制度设计与实施，□防止担保风险，□提高市场占有率，□保持企业快速成长，从源头上做到风险控制，财务部就江苏新嘉电机设备有限公司担保业务的落实和实施情况，进行了内部控制制度全方位的监督和回顾。现将有关情况汇报如下。

一、本公司与江苏新嘉电机设备公司担保业务回顾

本公司于 2014 年 □6 月 □7 月 □8 月与江苏新嘉电机设备公司签订了价值 300 万元的担保合同，在合同中明确了 □担保的期限 □反担保的措施 □担保的具体落实 □担保的调查 □担保的审批 □日常的执行和监督。到 2014 年 9 月，江苏新嘉公司因 □经营状况恶化 □故意拖欠担保 □资金周转困难 □房地产市场低迷，出现了难以偿还的现象。

本公司与江苏新嘉电机设备公司担保业务在实施中☐没有按照 ☐按照公司的担保业务的内部控制制度进行。

二、本公司担保业务的内部控制缺陷

针对本公司在与江苏新嘉电机设备公司担保业务过程中发生的风险，财务部认真梳理了本次担保业务的业务流程，发现存在以下问题：

（一）在担保业务的调查与审批阶段

1. 在担保业务的归口管理上，担保业务统一由☐董事会 ☐财务部门 ☐总经理负责管理，公司☐不存在 ☐存在内部控制缺陷。

2. 在对担保业务进行可行性分析时，公司对外担保业务由☐董事会 ☐财务部门 ☐总经理对担保业务进行可行性分析，公司☐不存在 ☐存在内部控制缺陷。

3. 董事会经研究决定要求江苏新嘉电机设备公司以房地产和土地使用权作为反担保，公司☐不存在 ☐存在内部控制缺陷。

4. 在担保业务的授权和审批及相关管理制度上，担保合同的拟定和审核属于☐不相容职务相分离制度 ☐授权审批制度，由☐董事会 ☐财务部门 ☐总经理组织相关人员对担保合同的合法性和完整性进行审核，公司☐不存在 ☐存在内部控制缺陷。

5. 公司在担保合同中明确要求江苏新嘉公司定期提供财务报告与有关资料，并及时报告担保事项的实施情况，☐不存在 ☐存在内部控制缺陷。

（二）在担保业务的执行和监督阶段

1. 被担保人的经营情况和财务状况应☐董事会 ☐财务部门 ☐总经理定期监测并对被担保人进行跟踪，公司☐不存在 ☐存在内部控制缺陷。

2．在对新嘉公司的经营情况和财务状况进行跟踪和监督的人员方面，☐采取 ☐没有采取回避政策，☐不存在 ☐存在内部控制缺陷。

3．公司☐有 ☐没有对反担保财产的存续状况和价值进行审核、管理，☐不存在 ☐存在内部控制缺陷。

4．在担保期间，公司☐实施了 ☐没有实施有效的监督和控制，☐不存在 ☐存在内部控制缺陷。

5．被担保人出现异常情况时，财务部门☐及时 ☐没有及时报告，☐不存在 ☐存在内部控制缺陷。

三、分析结论

根据上述担保内部控制，我们认为：

☐1．现有担保业务内部控制制度已基本建立健全，能够适应企业内部控制管理的要求和企业发展的需要，能够对企业各项业务活动的健康运行和公司内部经营活动的贯彻执行提供保证。公司内部控制是有效的，不存在内部控制重大缺陷。

☐2．现有担保业务内部控制制度还没有健全和完善，不能够适应企业内部控制管理的要求和企业发展的需要，不能够对企业各项业务活动的健康运行和公司内部经营活动的贯彻执行提供保证。公司担保内部控制是失效的，存在内部控制重大缺陷。

四、完善本公司担保业务内部控制制度的建议

针对与江苏新嘉电机设备公司担保业务中出现的内部控制问题，为进一步完善公司的管理制度，避免类似事件的再次发生，本部门建议：

☐1．重新制定担保业务的内部控制制度，确保内部控制制度的有效性。

☐ 2. 严格按照担保业务的内部控制制度执行，严格担保合同的拟定和审核、担保业务的执行和监控的不相容岗位相分离原则。

☐ 3. 建立担保业务出现异常情况的报告制度，有效地防范风险。

☐ 4. 取消担保业务，不再给其他人员提供任何担保事项。

☐ 5. 企业应组织相关部门或委托中介机构对担保申请人进行资信调查和风险评估，评估结果应出具书面报告。

报告人：

年 月 日